NACH-DENKEN

Ludwig Erhard und seine Politik

NACH-DENKEN

Ludwig Erhard und seine Politik

Haus der Geschichte
der Bundesrepublik Deutschland

Argon

Wissenschaftliches Symposion
am 13. März 1997
aus Anlaß des 100. Geburtstages
von Ludwig Erhard

Stiftung
Haus der Geschichte
der Bundesrepublik Deutschland

Redaktion: Regina Krane
Fotos: Haus der Geschichte: Michael Jensch, Axel Thünker
Karikaturen: Haus der Geschichte
Einbandgestaltung: Agentur Schleiner und Partner, Freiburg im Breisgau
Satz und Repro: LVD GmbH, Berlin
Druck: Clausen & Bosse, Leck
Printed in Germany

Von diesem Buch erscheint eine Verlagsausgabe im Argon Verlag, Berlin
mit der ISBN 3-87024-386-4

Inhalt

Hermann Schäfer

Ludwig Erhard: Aktueller denn je

»Nach-Denken. Über Ludwig Erhard und seine Politik«: Für die Attraktivität und Aktualität des Themas spricht nicht nur die große Zahl der Symposionsteilnehmer, sondern auch die lebendige und kontroverse Debatte um die Grundlagen der bundesdeutschen Wirtschaftsordnung. Angesichts der großen Probleme, vor denen Deutschland wirtschaftlich und sozial steht, wird das Nachdenken über den »Vater der Sozialen Marktwirtschaft« und die Erfolge seiner Politik zu einer Frage mit Tagesaktualität. Der Blick in die Geschichte kann die Orientierung in einer sich rasant verändernden Welt erleichtern.

Der Geburtstag des Bundeskanzlers und langjährigen Wirtschaftsministers jährte sich am 4. Februar 1997 zum hundertsten Male. Anlaß für das Haus der Geschichte, ihm das vierte Symposion in der Reihe »Nach-Denken« zu widmen. Die ersten drei Tagungen beschäftigten sich ebenfalls mit herausragenden Persönlichkeiten der deutschen Nachkriegsgeschichte: Konrad Adenauer, Kurt Schumacher und Carlo Schmid. Diese Politiker haben den westdeutschen Teilstaat geprägt, doch wie kein anderer verkörperte Ludwig Erhard die Bundesrepublik als Land des Wirtschaftswunders. Er galt damals als ihr Symbol, obwohl das Ende seiner Kanzlerschaft mit der ersten schweren Strukturkrise des Bergbaus einherging. Wie ist die Situation heute? Die Soziale Marktwirtschaft wurde zum Wohlfahrtsstaat, die Wirtschaftskrisen sind schwerer und tiefgreifender als damals, und Ludwig Erhard ist heute – zwanzig Jahre nach seinem Tod – populärer als jemals zuvor.

Ludwig Erhard ist 1997 auf vielfache Weise geehrt worden: Die Bundesregierung erinnerte mit einem Staatsakt und einer Podiumsdiskussion an die Leistungen des Mannes »mit der glimmenden Zigarre«, der 14 Jahre Wirtschaftsminister und anschließend drei Jahre Kanzler war. Das Haus der Geschichte nähert sich der Person

Erhards auf wissenschaftliche Weise: Fachwissenschaftler – Historiker, Politologen und Ökonomen – bilanzieren vor dem Hintergrund neuester Forschungsergebnisse sowohl Herkunft und beruflichen Werdegang als auch politische Verdienste und Niederlagen und ordnen diese in den Rahmen der deutschen Geschichte ein.

Daß Prof. Dr. Klaus Hildebrand am Symposion teilnimmt, freut mich besonders. Der Bonner Historiker war nicht nur Mitglied in der von Bundeskanzler Kohl Anfang der achtziger Jahre eingesetzten Expertenkommission, welche die erste Konzeption für das Haus der Geschichte erarbeitete, sondern auch einer seiner Gründungsdirektoren. Seit 1986 arbeitet er intensiv im Wissenschaftlichen Beirat der Stiftung mit. Von seinem Vortrag erwarten wir eine Hinführung zu Erhards Person, eine Darstellung des wohl von ihm auch persönlich empfundenen Spannungsverhältnisses zwischen Ökonomie und Politik.

Auch Prof. Dr. Hartmut Soell, 14 Jahre Abgeordneter im Deutschen Bundestag, ist dem Haus der Geschichte besonders verbunden: Während der 12. Legislaturperiode war er Mitglied im Kuratorium unserer Stiftung. Der Autor grundlegender Biographien über Fritz Erler und Herbert Wehner – derzeit arbeitet er an einem Werk über Helmut Schmidt – wird über das spannungsreiche Verhältnis zwischen Erhard und der Opposition berichten. Vor allem für die SPD schien Ludwig Erhard einer der Hauptgegner in der Frühphase der Bundesrepublik.

Der Wirtschaftsminister propagierte die Soziale Marktwirtschaft, die der von den Sozialdemokraten favorisierten Wirtschaftsordnung nicht diametral, aber doch in wesentlichen Punkten entgegenstand. Ferner: Wie reagierte die Opposition auf die Mitte bis Ende der fünfziger Jahre offensichtlich zu Tage tretenden Erfolge der deutschen Wirtschaft?

Der zweite Teil des Symposions steht unter ökonomischem Vorzeichen: Nachdem Prof. Dr. Heinz Lampert in die Grundzüge der Sozialen Marktwirtschaft eingeführt hat, berichtet im Anschluß Prof. Dr. Ernst-Joachim Mestmäcker über die Einbettung der von Erhard gegen beträchtlichen Widerstand durchgesetzten Wirtschaftsordnung in das Gesamtgefüge eines modernen Staates. Prof. Dr. Werner Abelshauser referiert über die Strukturprobleme der Sozialen Marktwirtschaft und Prof. Dr. Christian Watrin öffnet mit seinem Beitrag eine internationale Perspektive, der sich der Rezeption der Sozialen Marktwirtschaft in Europa widmet.

Den Abschluß des Symposions bildet ein Streitgespräch über »Das Erhard-Bild in der Revision«: Prof. Dr. Volker Hentschel, der soeben eine ebenso voluminöse wie provozierende Erhard-Biographie vorgelegt hat, diskutiert mit Dr. Fritz Ullrich Fack, lange Jahre einer der Herausgeber der Frankfurter Allgemeinen Zeitung, über Erhard, seine Politik und seine Leistungen. Die Moderation übernimmt Wilfried Herz, Leiter der Wirtschaftsredaktion der Wochenzeitung »Die Zeit«.

Wie schon zu einer guten Tradition geworden, begleitet eine kleine Präsentation das Symposion: Plakate und Ausstellungsstücke zu Ludwig Erhard, die geeignet sind, Erinnerungen und Gedanken zu beleben. Einige Abbildungen in dieser Publikation sind der Ausstellung entnommen.

Die Wechselausstellung des Hauses der Geschichte »Markt oder Plan. Wirtschaftsordnungen in Deutschland von 1945 bis 1961« wurde am Tag des Symposions eröffnet. Ausstellung – mit einer eigenen Publikation – und Symposion gehören zusammen, beide sind Elemente der Konzeption des Hauses der Geschichte: Wissenschaftlichkeit als Grundlage und Fundament für alle weitere Beschäftigung mit der Geschichte sowie die Ausstellungstätigkeit, die auf lebendige Art und Weise auch schwierige Themen breitenwirksam aufbereitet. Daß die Johanna-Quandt-Stiftung ihren Medienpreis des Jahres 1997 unserer Ausstellung »Markt oder Plan« verliehen hat, bestärkt uns auf dem eingeschlagenen Weg. Diese Auszeichnung, die überhaupt erstmals einer Ausstellung verliehen wurde, sowie die anhaltend hohen Besuchszahlen belegen auf eindrucksvolle Weise, daß die auf ein »Erlebnis Geschichte« zielende Konzeption des Hauses der Geschichte sowohl von Experten als auch von breiten Bevölkerungsschichten sehr positiv aufgenommen wird.

Ludwig Erhard in der Politik

Klaus Hildebrand

Ludwig Erhard: Kanzler zwischen Politik und Wirtschaft

Vergegenwärtigt man sich die politische Karriere Ludwig Erhards, fühlt man sich leicht an ein Wort von Joseph Schumpeter erinnert, wonach der Kapitalismus durch seine eigenen Errungenschaften umgebracht werde. Und sicherlich haben die stolzen Erfolge des »Vaters des Wirtschaftswunders« Entwicklungen ermöglicht, die zu seinem späteren Scheitern als Bundeskanzler beigetragen haben. Nachdem Ludwig Erhard am 30. November 1966 vom Amt des Regierungschefs zurückgetreten war, sah es freilich auf den ersten Blick so aus, als sei er, die Verkörperung des wirtschaftlichen Sachverstandes schlechthin, an der lahmenden Konjunktur und dem schwierigen Haushaltsausgleich politisch gescheitert. Doch es dauerte nicht lange, bis sich die Erkenntnis einstellte, daß eine so einfache Erklärung den vielfältigen Ursachen des Kanzlersturzes nicht gerecht zu werden vermochte. Mannigfache andere Gründe und Anlässe waren gleichfalls für Erhards Scheitern maßgeblich.

Immer wieder wurde bei dieser Gelegenheit daran erinnert, daß der »Nachfolger« durch Adenauers jahrelange Demontage möglicherweise bereits zermürbt gewesen sei, als er das Kanzleramt erreicht hatte. Zutreffend war ferner, daß der Regierungschef stürzte, weil die FDP nicht mehr länger zur Zusammenarbeit mit der Union bereit erschien. Und gewiß hatte Erhards Ende als Kanzler der Kleinen Koalition in nicht unbeträchtlichem Maße mit seinem glücklosen Besuch bei dem amerikanischen Präsidenten Johnson im September 1966 zu tun.

Diese Einsicht verweist ihrerseits über das leidige Problem der umstrittenen Devisenausgleichszahlungen hinaus auf einen grundsätzlichen Wandel der Weltpolitik, welcher der Bundesrepublik zu schaffen machte. Denn ihre Hauptströmung trug den Bonner Staat nicht mehr länger kraftvoll, sondern schlug ihm inzwischen vielmehr widrig entgegen.

Zusammen mit diesen objektiven Problemen, aber ohne Zweifel auch aus trüberen Quellen gespeist, die freilich zur menschlichen Natur gehören und im politischen Wettbewerb noch nie gefehlt haben, trugen jene Kabalen zum Niedergang Ludwig Erhards bei, die aus den Reihen der »Parteifreunde« heraus den Kanzler ohne Unterlaß trafen. Allerdings: Jeder Regierungschef hat sich ihm nicht gewogener Mitbewerber und persönlicher Neider beständig zu erwehren, und gerade in dieser Hinsicht trat eine offenkundige Schwäche Ludwig Erhards kraß zutage. Alle diese Motive, die im Zusammenhang mit seinem Sturz bereits zeitgenössisch angeführt wurden, reichten, möglicherweise schon jedes für sich, gemeinsam aber allemal, mit Sicherheit aus, um das Ende seiner Regierung plausibel werden zu lassen.

Daß sie sich jedoch so mächtig entfalten konnten, hatte nicht zuletzt auch mit den übergreifenden Tendenzen der sechziger Jahre zu tun, die sich in den Ereignissen verdichteten. Wie so oft in der Geschichte ging es nämlich auch dieses Mal um ein unauflösbares Zusammenwirken bzw. um ein empfindliches Auseinanderklaffen zwischen subjektiven und objektiven Kräften, zwischen einem Mann und seiner Zeit, die zum Sturz Erhards ebenso wie früher zu seinem Erfolg beigetragen haben. Seine spezifischen Begabungen: seine wissenschaftliche Phantasie, seine unverkennbare Intuition für das sich Anbahnende, sein dickfelliges Abwartevermögen, die ihn in der Gründerära der Republik reüssieren ließen, reichten in den Jahren seiner Kanzlerschaft offensichtlich nicht mehr aus. Sie wirkten jetzt gegen ihn, weil die Zeiten sich geändert hatten und von einem Regierungschef andere Qualitäten erforderten.

Sowohl die außenpolitische Lage, die sich gründlich gewandelt hatte, als auch eine neue Phase der Innen-, Gesellschafts- und Wirtschaftspolitik, die sich fordernd bemerkbar machte, verlangten nach Richtungsentscheidungen. Nicht mehr länger aufschiebbare Entschlüsse machten ihren Anspruch geltend, und tatkräftiges Handeln war jetzt erforderlich. Diesen Geboten vermochte Erhard schon deshalb nur schwer zu entsprechen, weil er durch mannigfache koalitions- und parteipolitische, verbandsorganisatorische und persönliche Hindernisse eingeengt war bzw. sich davon einengen ließ. Diese Tatsache hatte nur in bedingtem Maße damit zu tun, daß der neue Mann im Vergleich mit dem bislang Bekannten einen anderen, weniger autoritären und eher kollegialen Stil im Umgang mit seinen Ministern pflegte. Diese Veränderung kam vielmehr dadurch zustande, daß Erhard die Leitbilder der Überparteilichkeit und des »Volkskanzlertums« zu verwirklichen suchte.

In seltsam anmutendem Widerspruch dazu, jedoch ganz im Sinne seiner Neigung, die Grundsätze den Kompromissen vorzuziehen, hatte sich Erhard von vornherein einer eminent wichtigen Chance freiwillig begeben, die Adenauer immer genutzt hatte: nämlich durch allseitige koalitionspolitische Offenheit nicht für einen Partner erpreßbar zu werden, sondern in der Vorhand zu bleiben, wenn es um die Regierungsbildung ging. Erhard aber war der Repräsentant der Kleinen Koalition par excellence. Für die Bildung einer Großen Koalition mit den Sozialdemokraten kam er nach seinen eigenen Worten, die mit seinen Ideen und Zielen nahtlos übereinstimmten, einfach nicht in Frage. Wie einst Bismarck das Zentrum erbittert zu bekämpfen und sich dabei auf die Nationalliberalen zu stützen, um sodann zum Zwecke der eigenen Machterhaltung die Fronten zu wechseln, wäre ihm mutatis mutandis nie in den Sinn gekommen. Eine für die damalige Zeit im internationalen und nationalen Zusammenhang signifikante »apertura a sinistra« vorzunehmen, um erst einmal an der Spitze zu bleiben, verbot sich für ihn grundsätzlich.

Damit ist aber bereits der Kern des Erhardschen Politikverständnisses berührt. Es unterscheidet sich von dem seit eh und je geläufigen Begriff des Politischen so erheblich, daß man erst einmal zögert, diesen »Realist[en] anderer Art«, wie Eugen Gerstenmaier ihn genannt hat, mit einer solchen politischen Tradition überhaupt in Verbindung zu bringen. Stets stellte er nämlich Idee und Moral über Herrschaft und Macht. Anders als andere, die man richtige Politiker nennt, stimulierte ihn die Macht nicht, sondern ödete ihn vielmehr an. Auf politischem Terrain erklärt eine solche Überzeugung bereits ein gut Teil seines Scheiterns als Kanzler.

Eben dieser Mißerfolg war jedoch Preis und Symbol dafür, daß Erhard sich selbst treu blieb und sich nicht mit Haut und Haaren an das Politische verlor. Seine Persönlichkeit verkörperte eine Botschaft, die sich in der zentralen Idee zusammenzog, den Staat und das Staatensystem durch eine Vernunft stiftende Ökonomisierung, durch Rationalisierung gleichsam, vom Makel des Zwanghaften zu befreien. Diese Überzeugung vermochte Erhard niemand zu nehmen, auch nicht die Macht als das Wesen der herkömmlichen Politik, die ihn, wie so manch anderen zuvor, schließlich besiegte.

Nun wäre es ganz unzutreffend, Ludwig Erhard als Philosophen und Hamlet zu stilisieren oder gar als unrealistisch und wirklichkeitsfremd zu kennzeichnen. Denn selbstverständlich ist jemand, der jahrelang an exponierter Stelle im politischen Getriebe einer parlamentarischen Demokratie überlebt hat, alles andere als ein reiner Tor. Dennoch war Erhard im Vergleich mit anderen und im Hinblick auf sein Verhältnis zur Macht, mit Rüdiger Altmann gesprochen, im traditionellen Sinne »nicht politisch«. Zur Außenpolitik hatte und fand er kein Verhältnis, zumal die wiederum nationaler, ja nationalistischer eingefärbten sechziger Jahre seiner Botschaft einer aufgeklärten Metamorphose der Staatenwelt im Sinne von Benjamin Constant und Richard Cobden im Grunde unfreundlich begegneten. Innenpolitisch kam er über die in vielem treffende Analyse der Probleme hinaus nicht eigentlich zum Handeln. Denn dazu bedurfte es jener Macht, die ihm immer mehr entglitt, weil er sie einfach nicht ergriff, festhielt und benutzte.

Über allen diesen Feststellungen darf natürlich nicht vergessen werden, daß gerade dieses sogenannte Unpolitische Ludwig Erhards, wenn wir an den Beginn seiner Kanzlerschaft denken, zu den wirksamen Stärken seiner Politik gehört hatte. Die Deutschen, die in die Idylle ihres scheinbar nicht enden wollenden Wohlstandes vernarrt und von einer Neigung, die Schweiz zu wählen, geleitet waren, votierten, nicht zuletzt im September 1965, gerade für den Mann, der Politik und Parteien offensichtlich ebensowenig mochte, wie die Mehrheit seiner Wähler dies tat. Darin lag zu Anfang der sechziger Jahre bis in die Mitte dieser windungsreichen Dekade hinein das Geheimnis der »unio mystica« zwischen dem »Wundermann« und den Deutschen.

Doch der Wandel der Zeit, der bald einem rapiden Umbruch glich, schuf neue Probleme und verlangte nach entsprechenden Antworten: Fordernd machte sich »ein höherer Bedarf an Politik« (Karl Schiller) bemerkbar. Diese Entwicklung verlangte nicht nur im außenpolitischen Bereich ihren Tribut, sondern sie stellte sich auch auf innenpolitischem Feld ein. Ungeachtet kühner Zukunftsentwürfe, die Erhard durchaus unterbreitete, vermochte er dieser Herausforderung allein deshalb nur schwer gerecht zu werden, weil seine Vorstellung vom »Volkskanzlertum« mit den Regeln der parlamentarischen Parteiendemokratie kaum vereinbar war. Erhard hatte eine Aversion gegen alle »Parteiungen«, wie er nicht selten zu formulieren pflegte, nicht zuletzt auch gegen seine eigene.

Daher stand er auch allein da, als der Wahlerfolg im Sommer 1966 ausblieb. In der Union ohne Hausmacht und bald nur noch von neidischen Konkurrenten umgeben, erschien er jetzt beileibe nicht mehr als der politische Wundertäter. Nur ihn aber suchte die CDU/CSU in Ludwig Erhard. Und bei sich abzeichnendem Mißerfolg verfuhr sie dann nach der gnadenlosen Devise: »und wenn das Wunder ausbleibt, weg mit ihm!« (Sebastian Haffner).

Erhard und sein politisches Regiment vom »Volkskanzlertum« unterlagen nicht zuletzt der Beharrlichkeit der parlamentarischen Demokratie, wie sie nun einmal war, mit all ihren Gruppeninteressen und Verbandsorganisationen. Zweifellos hellsichtig hat der Kanzler diesen Verteilerstaat durchleuchtet, hat seine Schwächen erkannt und hat vor seinen Gefahren gewarnt. Daß sich dieses politische System, das mit gewissen Abweichungen für alle west- und nordeuropäischen Staaten charakteristisch war, trotz aller seiner Gebrechen im Konfliktfall als stärker erwies als der liberal auf die Vernunft der Bürger vertrauende Kanzler, das mußte Ludwig Erhard am Jahresende 1966 bitter erfahren.

Er verachtete die ebenso problematischen wie unumgänglichen »Zwischenmächte« der parlamentarischen Demokratie, und mit den Notwendigkeiten der Republik, wie sie nun einmal existierte, kam er stets mehr schlecht als recht aus. Erhard war seinem Ordnungsentwurf gemäß zu prinzipientreu, um sich mit den »corps intermédiaires« resolut zu arrangieren. Er war seiner Zeit zu weit voraus, als daß er sie mit seiner blaß gebliebenen Vision von der »Formierten Gesellschaft« hätte gewinnen können. Der »große Überzeuger« (Kurt Georg Kiesinger) der Nachkriegsjahre fand mit dem neuen, unklaren Trompetensignal, das alle Beteiligten dazu aufrufen wollte, einen qualitativ überlegenen Konsensus der Interessen zu finden, kaum mehr Gehör.

Das von Hans-Peter Schwarz so genannte Unzeitgemäße seiner Erscheinung, das ihn im Erfolg wie im Scheitern gleichermaßen begleitete, trat auch in der Krise seiner Kanzlerschaft unverkennbar zutage. Nun ist es nicht gerade selten, daß Politiker mit ihren Auffassungen recht haben und es in der Auseinandersetzung doch nicht bekommen. Eben das mußte der politisch integre und menschlich noble Erhard erfahren, als sich das politische System mit allen seinen Schwächen, Blessuren und Risiken letztlich doch als überlebensfähiger erwies als der zur Neuformierung des inneren Gefüges der Bonner Republik aufrufende »Volkskanzler«: Denn dieser verstand das Beharrungsvermögen des Vorhandenen nicht in eine neue Beweglichkeit des Parlamentarismus aufzulösen.

Das hatte maßgeblich damit zu tun, daß Ludwig Erhard einfach nicht der Mann war, der in dieser Hinsicht politisch aufs Ganze ging. Beinahe hat man den Eindruck, als sei dem Schüler Oppenheimers so zu handeln gar nicht in den Sinn gekommen. Was historisch in die Welt des Niccolò Machiavelli und zeitgenössisch zur Persönlichkeit Charles de Gaulles gehörte, das blieb Ludwig Erhard seltsam fremd. Im Entwurf des globalen Freihandels und der siegreichen Vernunft, in der hochgemuten Zielsetzung, die abgelebte Staatlichkeit durch das ökonomische Mittel zu heilen, war dafür kein Platz. Fast könnte man zu der Annahme gelangen, Ludwig Erhard habe unbeirrt daran geglaubt, es könne gelingen, das Politische allmählich im Wirtschaftlichen aufgehen zu lassen und auf diesem Wege Macht durch Vernunft zu läutern. In dieser Perspektive aber darf sein erfolgreich praktizierter Ordnungsentwurf als Botschaft von historischem Rang beurteilt werden, die weit über die Jahre seiner vergleichsweise kurzen Kanzlerschaft hinauswirkt und ihrerseits eine politische Macht sui generis darstellt.

Um so bohrender stellt sich umgehend die Frage wieder ein, wie es zum Scheitern dieses Kanzlers kommen konnte. Mannigfache Anlässe, Symptome und Motive sind bereits genannt worden, die sich allesamt in einer Tatsache verdichten: Im Verlauf der sechziger Jahre wurde der Bundeskanzler Erhard zunehmend zum »Zauberlehrling« seiner großen Leistungen als Wirtschaftsminister. Denn über eine intellektuelle Avantgarde hinaus wurden jetzt auch breitere Schichten der Bevölkerung vom Bedürfnis nach einer »Neugestaltung der Verhaltensformen und Institutionen im Geiste freiheitlicher Grundwerte« erfaßt, wie Richard Löwenthal die aufkommende und sich ausbreitende Unruhe der Zeitgenossen beschrieben hat. Reformprogramme entwickelten Anziehungskraft; Eltern verlangten nach weiterführender Bildung für ihre Kinder; das Thema »Gemeinschaftsaufgaben« beherrschte die öffentliche Diskussion; das geltende Familien- und Strafrecht schien der neuen Zeit nicht mehr gemäß zu sein; und in den verschiedenen Bereichen kam verstärkt der Ruf nach Teilhabe an Entscheidungsvorgängen, nach ihrer Demokratisierung, auf.

Diesem Verlangen begegnete Erhard an sich aufgeschlossen. In programmatischer Art und Weise hatte er vor, darauf als Kanzler moderne, schöpferische Antworten zu erteilen. Doch gleichzeitig

Plakat aus dem Bundestagswahlkampf 1957

regten sich ganz andere Tendenzen, die ihm zu schaffen machten und seine Überzeugungen in Frage stellten. Im Vergleich mit den republikanischen Gründerjahren ging die Zunahme des Wohlstandes unverkennbar mit einem Nachlassen der Leistungsbereitschaft einher, ja es setzte sogar eine riskante Distanzierung vom Leistungsprinzip ein. Dafür gewannen Privatleben und Freizeitgestaltung von nun an immer mehr Raum im Alltag der Deutschen. Die Suche nach alternativen Lebensformen begann, und sie brachte neben mehr Freiheit und größerem Komfort so manches mit sich, was vom überlieferten Standpunkt aus als ein weniger willkommenes Resultat galt.

Die Republik, die Erhard unter der Losung »Wohlstand für alle« maßgeblich mitgebaut hatte, entwickelte sich nicht mehr so weiter, wie er und mit ihm die Aufbaugeneration es gewünscht und erwartet hatten. Folge des Wohlstandes war nämlich in erster Linie nicht eine Zunahme an individueller Vernunft, an gesellschaftlicher Rationalität und an höherentwickelter Moral, wie es ungeachtet einer schon früh zutage tretenden Skepsis im Grunde Ludwig Erhards Credo entsprach.

Vielmehr begann ein noch unartikuliertes Unbehagen um sich zu greifen, das sich gegen den notwendigen Preis des erworbenen Wohlstandes richtete und immer häufiger nach Genuß ohne Anstrengung, ohne Opfer und ohne Reue verlangte. Die Briten hatten einst im 19. Jahrhundert fest darauf vertraut, industrielle Entwicklung und wirtschaftliche Prosperität führten gleichsam natürlich zur Parlamentarisierung der Gemeinwesen, mithin zu innerer Freiheit und äußerem Frieden im internationalen Rahmen. Fast hilflos mußten sie dann entdecken, daß Deutschland seine industriellen und technischen Fertigkeiten, im Sinne seiner politischen Kultur und der gültigen Räson des Staates gemäß, zu ganz anderen Zwecken benutzte. In gewisser Parallele dazu konnte Ludwig Erhard sein Entsetzen über manche Ergebnisse und Entwicklungen der Zeit kaum noch verbergen, die ihm wie Sumpfblüten des Wohlstandes vorkamen.

Allein, dieser Probleme Herr zu werden, ließ sich, wenn überhaupt, nur gemeinsam mit den Parteien und mit den sie tragenden gesellschaftlichen Gruppen bewerkstelligen. Und eben in diesem Zusammenhang trat Erhards politische Schwäche deutlich zutage, die durch seine programmatische Stärke in gewisser Hinsicht sogar bedingt war. Wie einst, nach anfänglichem Widerstand, das Experiment der »Sozialen Marktwirtschaft« vom Lauf der Zeit schwungvoll befördert worden war, so blieb Erhard diese Gunst der Geschichte nunmehr verwehrt. Sein neuer Entwurf der »Formierten Gesellschaft« wurde kritisch aufgenommen oder gar nicht beachtet. Und wie es in den ersten Jahren der Republik geboten war, den Gang der Dinge unbeirrt abzuwarten, so galt es jetzt, tatkräftig zu handeln. Damals hatte die Union Erhards Ordnungsentwurf dankbar aufgegriffen, in den sechziger Jahren verweigerte sie dem nachfolgenden Pendant die erforderliche Aufmerksamkeit.

Die Politik des Wirtschaftsministers hatte Erfolg, solange vergleichsweise wenig Staat existierte bzw. Konrad Adenauer diesen regierte. Doch im festgefügten Rahmen eines komplizierten und schwerfälligen Parlamentarismus in mühsamer Kleinarbeit eine Idee in die Praxis umzusetzen, war nicht Ludwig Erhards Sache. Zu stark war der Kanzler von Überzeugungen getragen, um diejenigen Kompromisse zu schließen, die zum Erhalt der Regierungsfähigkeit nun einmal nötig sind. Daß Macht ohne Moral keinen Bestand haben konnte, gehörte so unumstößlich zu seiner Philosophie, daß ihm darüber die Einsicht verlorenging, daß Moral ohne Macht wirkungslos bleiben mußte.

Erhards Vertrauen auf die menschliche Vernunft brachte es mit sich, daß er in liberaler Manier an ihre beinahe automatische Durchsetzungskraft glaubte und demgegenüber die Schwerkraft der organisierten Parteiendemokratie nicht angemessen einschätzte. Als ein von seiner »gemeinwohlfreundlichen Doktrin« Überzeugter ging er davon aus, das Richtige werde letztlich schon die Oberhand gewinnen. Als Politiker mußte ihn dieser Glaube mit Gewißheit in die Irre führen. Nicht zuletzt deshalb blieb ihm der sichtbare Erfolg, den ein Kanzler haben muß, weitgehend versagt, weil er als ein Mann der Idee die Macht, wie sie sich herausfordernd darstellte, nicht akzeptierte und endlich im Alleingang scheiterte.

Über diesen grundsätzlichen Betrachtungen dürfen natürlich nicht die Leistungen der so kurzen, kaum mit diesem Begriff belegbaren »Ära« Ludwig Erhards in Vergessenheit geraten: die Aufnahme diplomatischer Beziehungen mit Israel, die »Auflockerung unserer Ostpolitik« (Ludwig Erhard), die »Friedensnote« der Bundesregierung und der neue politische Stil, mit dem die liberale Bonner Demokratie sich nach innen und außen präsentierte. Die Macht seiner Botschaft und die Präsentation seines Regiments ließen Erhard für manchen Zeitgenossen in Europa sogar zum Ge-

genspieler Charles de Gaulles aufsteigen. Überzeugungskraft und Wirkungen seiner ökonomischen und gesellschaftlichen Konzeption rücken ihn in die Reihe derjenigen nicht allzu zahlreichen Politiker, die Deutschland bewußt und mächtig in die Moderne geführt, ja gestoßen haben. Seiner stets transparenten Politik, von der der als vernünftig eingeschätzte Bürger nie etwas zu befürchten hatte, »verdanken wir«, woran Karl Schiller resümierend erinnert hat, »sehr viele, ganz simple zivile oder bürgerliche Freiheiten – Freiheit der Konsumwahl, Freiheit der Arbeitsplatzwahl, Freiheit der Berufswahl, Freiheit des Umzugs, Freiheit des Reisens bis hin zu den politischen, bürgerlichen Rechten und Freiheiten ... und das bleibt« – falls sie nicht radikal in Frage gestellt und extremistisch zerstört werden.

Freilich konnte sich der für Ludwig Erhard so kennzeichnende »ungebrochene Glaube an die produktive Kraft der Freiheit« (Eugen Gerstenmaier) vorteilhaft nur in dem von Konrad Adenauer und den Parteien gezimmerten Gehäuse der neuen Republik entfalten. Allein in diesem international und staatlich gesicherten Rahmen wurden ihre Leistungen ermöglicht, die sodann, wechselseitig und gleichgewichtig, das junge Gemeinwesen stabilisierten. Erhards zweifache Botschaft mit ihrer Formel von der »Sozialen Marktwirtschaft«, die so sichtbar überzeugte, und ihrer Parole von der »Formierten Gesellschaft«, die so arg verschwommen blieb, stand unter dem attraktiven Motto »Wohlstand für alle«.

Und diese im Test der Praxis bewährte Idee, die etwas von einem Missionsauftrag an sich hatte, lebt als eine weit über Deutschland hinausgehende Möglichkeit gesellschaftlicher Entwicklung fort; sie beschreibt Ludwig Erhards eigentliche Leistung. In der internationalen und staatlichen Topographie aber, in der solche Gedanken überhaupt nur fruchtbar werden konnten, hat sich dieser Repräsentant des Unzeitgemäßen als Kanzler nicht selten verirrt. Daß Macht und Kompromiß im etablierten Rahmen benutzt werden müssen und unumgänglich sind, daß Regieren im klassischen Stil Voraussetzung war, um die Kraft der Idee auch gegen die Widerstände der Zeit zu verwirklichen, fiel ihm schwer zu akzeptieren, widersprach seiner Grundüberzeugung von der Einsichtsfähigkeit der Bürger und ließ ihn endlich am existierenden Parlamentarismus scheitern.

Niemand, der um historische Gerechtigkeit bemüht ist, wird Ludwig Erhard in erster Linie an seiner Kanzlerschaft messen.

Daß auch sie Leistungen und Erfolge aufzuweisen hat, ist zumindest angedeutet worden. Daß ihre Liberalität den wohl unvermeidbaren Weg in eine neue Zeit öffnete, gehört zur Signatur dieses Interims. Daß der Parlamentarismus sich in der Auseinandersetzung mit dem »Volkskanzler« am Ende als stärker erwies, beschreibt einen Vorzug der Bonner Demokratie. Und daß die Bundesrepublik Deutschland alles in allem während der sogenannten »Ära Erhard« ein Land war, in dem sich zu leben lohnte, verbindet sich auch mit der Person und den Verdiensten des damaligen Bundeskanzlers.

Hartmut Soell

Ludwig Erhard und die Opposition

Daß die Beziehungen Ludwig Erhards zur parlamentarischen Opposition im Frankfurter Wirtschaftsrat und im Bundestag seit 1949 stärker vom Konflikt als vom Konsens geprägt waren, ist in den an der Debatte beteiligten Fachwissenschaften seit langem herrschende Auffassung. Sie muß deshalb nicht falsch sein, bedarf aber der zeitlichen und thematischen Differenzierung.

Bereits im Frühjahr 1948 bahnte sich zwischen Ludwig Erhard, dem neuen Direktor des Amtes für Wirtschaft der Bizone, und der sozialdemokratischen Opposition im Wirtschaftsrat ein Prinzipienstreit an, der sich in den folgenden Monaten immer mehr zuspitzte und danach bis weit in die fünfziger Jahre hinein die wirtschaftspolitischen Debatten des Bundestages bestimmte. Er war durch den Lebensweg und die politischen Einstellungen Erhards in den zurückliegenden Jahren und Jahrzehnten keineswegs vorgeprägt. Seine Promotion bei Franz Oppenheimer in Frankfurt, der mit gewissen Einschränkungen zu den liberalen Sozialisten gezählt werden kann, bezeugt dies ebenso wie seine Auseinandersetzung mit Hjalmar Schacht (in Leopold Schwarzschilds »Tagebuch« im August 1931) und dessen »widernatürliche(m) Gebuhle mit Hitler«. Weiter heißt es dort, im Gegensatz zu Schachts »Geschwätz« – gemeint war dessen Kritik an den staatlichen Beschränkungen freier Unternehmertätigkeit – hätten sich die sozialdemokratisch geführten Regierungen in der Weimarer Republik in Sachen Sozialisierung außerordentlich rücksichtsvoll verhalten, und es sei »sehr die Frage, ob man ihnen das zugute rechnen soll«. Jedenfalls arbeiteten die staatlichen Bergwerke gegenwärtig rentabler und kämen wegen vernünftigeren Verhaltens im Aufschwung jetzt besser durch die Krise als die privaten Bergwerke[1].

In diesen Artikeln gegen Schacht war vom Weimarer Demokraten Erhard einiges, vom Credo eines dem freien Markt verpflichteten Ökonomen nichts zu spüren. Auch eineinhalb Jahre später hielt er es für eine Pflicht des Staates, »dem Anarchismus der kapitalistischen Entfaltung« mit einem gewissen Ordnungsprinzip beizukommen, wobei er unter Ordnung »immer etwas Planmäßiges« verstand[2].

Seine Arbeiten kurz vor Kriegsende (1944) ließen erkennen, daß er für die Nachkriegszeit eine Wirtschaftsordnung für sinnvoll hielt, die sich irgendwo auf der Wegstrecke »zwischen der totalen Staatswirtschaft ... und einer freien liberalen Wirtschaft« befand. In den Beiträgen des ersten Nachkriegsjahres ist bereits eine gewisse Umorientierung auszumachen, insbesondere durch sein grundsätzliches Bekenntnis »zur Idee der freien Wirtschaft«. Angesichts der Knappheit der Güter und des enormen Kaufkraftüberhangs waren für ihn Planung und Lenkung fürs erste unvermeidbar, auch wenn er staatlicher wirtschaftlicher Planung und Organisation keinen »originären Wert« zuerkannte. Erst wenn eine Konsolidierung der Währung die notwendigen Voraussetzungen geschaffen hatte, war aus seiner Sicht ein »stufenweiser« Übergang zur freien Marktwirtschaft möglich[3].

Da die dafür notwendige Währungsreform in den ersten beiden Nachkriegsjahren in weiter Ferne blieb, war er zur Mitarbeit in der vom sozialdemokratischen Ministerpräsidenten Wilhelm Hoegner geführten bayrischen Landesregierung bereit. Seit Oktober 1945 fungierte er als bayrischer Wirtschaftsminister. Es waren jedoch keineswegs ideologische Differenzen, die ihn im folgenden Jahr zum Rücktritt zwangen, sondern – wie es im Bericht des Untersuchungsausschusses des bayrischen Landtages hieß (Beilage 799) – vor allem die Tatsache, daß er »zu viel Theoretiker war«, ihm die »nötige Verwaltungserfahrung zur Führung eines Ministeriums fehlte und er es nicht verstand, sich die Mitarbeiter zu suchen, die das, was ihm fehlte, ersetzten«. »Vorwürfe in bezug auf die Lauterkeit der Person«, so vermerkte der Bericht ausdrücklich, konnten ihm nicht gemacht werden.

Dieser Befund des Untersuchungsausschusses, den die bayrischen Sozialdemokraten beantragt hatten, in dessen Verlauf aber auch die CSU-Mitglieder alles andere als zimperlich mit dem ehemaligen Minister umsprangen, spielte im April 1948 erneut eine Rolle, als der einen Monat zuvor zum Direktor des Amtes für Wirtschaft der Bizone bestellte Prof. Dr. Erhard im Frankfurter Wirtschaftsrat sein wirtschaftspolitisches Programm vorstellte. Der bayrische SPD-

Abgeordnete Gerhard Kreyssig hatte den Befund wieder hervorgezogen, um seine These zu belegen, Erhard habe eine »theoretisch-akademische Vorlesung«[4] gehalten, aber keinen einzigen Satz dazu gesagt, »wie nun das wirkliche Problem der Formierung der Industrie, der Neubau des ganzen Wirtschaftsapparates vor sich gehen soll«[5]. Kreyssig hatte schon zuvor eingewandt, es sei ein »zufälliges Zusammentreffen, daß die Währungsreform ... nicht mehr allzu ferne« liege und über ERP und Europahilfe »gewisse Vorentscheidungen schon jetzt gefallen« seien. Eine »theoretische Vorlesung über Prinzipien der Währungsreform« sei »deshalb nicht notwendig und wichtig, weil man noch das Gefühl haben muß, daß dabei Entscheidungen getroffen werden, die wir, als Deutsche, nicht allzu viel beeinflussen können«[6].

Was Kreyssig und die große Mehrheit der sozialdemokratischen Fraktion als bloß »zufälliges Zusammentreffen« von Währungsreform und anlaufender Marshall-Plan-Hilfe ansahen, war von Erhard als einmalige Chance erkannt worden, die Initialzündung, die von beiden Maßnahmen ausging, zu kombinieren und deren Wirkung zu »akkumulieren«. Diesen Begriff benutzte er wörtlich[7].

Vergesellschaftung der Schlüsselindustrien – die SPD-Opposition unter Kurt Schumacher

Die Freigabe der Preise für über vierhundert Warengruppen durch das »Leitsätzegesetz« acht Wochen später trug zu einem erheblichen Teil zur Kapitalbildung im Handel und wenig später in der Verbrauchsgüterindustrie bei. Das Gesetz war unmittelbar vor der Währungsunion von der Mehrheit des Wirtschaftsrates gegen die Stimmen der SPD beschlossen worden. Bei der Vergabe der ERP-Mittel, die – wie Erhard schon in dieser ersten Debatte ankündigte – »nicht ausschließlich für ein paar große Programme«, sondern für den privaten Kapitalbedarf der Industrie, vor allem der kleineren und mittleren Betriebe, verwendet werden sollten, gab es zwar Auseinandersetzungen mit den Aufsichtsorganen der Militärregierungen, die diese Mittel überwiegend in die Grundstoffindustrien investiert sehen wollten. Aber auch hier war die Anstoßwirkung beträchtlich. Nachdem die Verkehrsinfrastruktur sowie die Energiebasis in Teilen wiederhergestellt und die Rohstoffzufuhr gesichert worden waren, gelang es in dem einen Jahr nach der Währungsreform, das Produktionsvolumen der Bizone, das davor bei 42 % (gemessen am Basisjahr 1936 = 100) gelegen hatte, mehr als zu verdoppeln.

Gegen die politische Langzeitwirkung dieses erfolgreichen wirtschaftspolitischen Starts, der Erhard 1948 gegen viele Widerstände nicht nur auf seiten der SPD und der Gewerkschaften, sondern auch auf seiten der Westalliierten und bei Teilen der Unternehmerschaft gelungen war, ist die sozialdemokratische Opposition über ein Jahrzehnt erfolglos angerannt. Die Wahlergebnisse von 1949 an, vor allem 1953 und 1957, sprechen eine beredte Sprache.

Obwohl in der Politik nicht Motive, sondern Wirkungen und Wirkungszusammenhänge entscheidend sind – und in diesem Fall ist nicht nur die tatsächliche Wirtschafts- und Sozialverfassung der Bundesrepublik für viele Jahre geprägt, sondern die Legitimationsbasis der parlamentarischen Demokratie mitbegründet worden –, ist es doch sinnvoll, nach den Motiven zu fragen, die die Sozialdemokraten schrittweise in die Opposition trieben. Anfangs war die SPD-Fraktion im Wirtschaftsrat durchaus bereit, am Leitsätzegesetz mitzuwirken, weil sie, wie Erwin Schoettle erklärte, »wie jeder andere hier im Saal« das verabscheue, »was wir in Deutschland als Zwangswirtschaft, als eine Erbschaft des Nationalsozialismus kennen und was im Laufe der letzten drei Jahre daraus geworden ist. ... Wir sind nur anderer Meinung bezüglich der Mittel und des Tempos, mit deren Hilfe man von dieser Zwangswirtschaft wegkommen kann.« Ziel der SPD sei es, »Sicherungen in diese Vollmachten einzubauen, die es dem Wirtschaftsrat ermöglicht hätten, ein allzu überstürztes Tempo in der Entwicklung der Wirtschaftspolitik rechtzeitig zu korrigieren und abzubremsen«[8].

War es allein diese Skepsis gegenüber dem »liberalen Versuch zu einer sozialen Politik«, wie Schoettle den Ansatz Erhards durchaus richtig interpretierte, die die SPD diesen »Sprung ins kalte Wasser«, dieses »Stahlbad der freien Preise« – Sprachbilder aus den Debatten jener Tage – ablehnen ließ? War allein sie es, die die Partei in den Monaten danach, als die Preise schneller stiegen, als auch von Erhard erwartet, während der Lohnstopp noch bis Herbst 1948 anhielt, dazu bewog, zweimal (im August und November 1948) den Antrag auf Entlassung Erhards einzubringen, der beide Male scheiterte? Bei der Suche nach weiteren Beweggründen wird man gerade bei Schoettle selbst fündig.

Schon in der ersten großen Debatte mit Erhard im April 1948 hatte Schoettle aufgemerkt, als dieser vom Kapitalfonds sprach, der sich durch die Teilnahme Deutschlands am Marshall-Plan ansammeln werde. Für Erwin Schoettle war es entscheidend, wer über ihn verfüge, ob er »tatsächlich ein Hebel in der Hand der Wirtschaftspolitik« sein könne, »einen Umbau unserer Wirtschaft herbeizuführen«. Durch »Investitionslenkung den Trend unserer wirtschaftlichen Entwicklung von Grund auf beeinflussen und ändern« bedeutete aber nicht nur, einige »überfällige« Existenzen »in die Binsen gehen«[9] zu lassen, wie Schoettle etwas leichthin betont hatte, sondern bedeutete vor allem auch eine grundlegende Veränderung der durch Großbesitz an Produktions- und Finanzmitteln gekennzeichneten traditionellen Machtstruktur der deutschen Industrie.

Nicht ganz zufällig war es gerade Erwin Schoettle, der dieses zentrale sozialdemokratische Ziel andeutete. Seit Ende der zwanziger Jahre zählte Schoettle zu den engsten Vertrauten Kurt Schumachers – eine Beziehung, die auch das unterschiedliche Schicksal, das ihnen während des Dritten Reiches widerfuhr, überdauert hatte.

Währungsreform und Marshall-Plan-Hilfe schoben den Sachwert- und vor allem den Produktionsmittelbesitzern enorme Vorteile zu. Dennoch war es nicht der Gesichtspunkt der sozialen Gerechtigkeit, der Schumacher dazu veranlaßte, einen völligen Um- und Neubau der deutschen Wirtschaft, insbesondere die Vergesellschaftung der Schlüsselindustrien und der großen Banken zu fordern. Auch die ihm von Viktor Agartz (einem der Vorgänger Erhards in der Wirtschaftsverwaltung) suggerierte Vorstellung, daß die Vergesellschaftung von Schlüsselindustrien vermeintlich bessere Möglichkeiten der Planung und Lenkung der Volkswirtschaft biete, war für ihn nicht ausschlaggebend. Sein Hauptargument war politischer Natur. In seinen »Politischen Richtlinien für die SPD ...« von August 1945 lauteten die ersten inhaltlichen Sätze unter der Überschrift »Das Ziel: Sozialismus und Demokratie!«: »Aus dem Klassencharakter des Nazismus ergibt sich zu seiner Überwindung als Konsequenz: der Sozialismus. Die Voraussetzung ist die völlige Zerbrechung der finanzkapitalistischen, imperialistischen und militärischen Linie. Die Arbeit kann sich nicht im Negativen erschöpfen. Das positive Ziel und einzig ausreichende Sicherung gegen die Wiederkehr solch volkszerstörender und weltgefährdender Kräfte ist die Änderung der ökonomischen und gesellschaftspsychologischen Voraussetzungen der deutschen Politik.«[10]

Schumacher selbst war ein Opfer des Nationalsozialismus. Bedenkt man, daß er nicht nur eine zehnjährige KZ-Haft mit schweren gesundheitlichen Schäden überstanden, sondern auch aus vielen Quellen schon vor 1945 und noch mehr danach Genaueres über die Verstrickung großer deutscher Unternehmen in das barbarische Versklavungs- und Vernichtungssystem des NS-Regimes erfahren hatte, ist seine Einschätzung der Rolle der Großindustrie erklärbar.

Nach jahrzehntelangen Kontroversen in der Forschung wissen wir inzwischen, daß die Vertreter der großen schwerindustriellen Unternehmen vor dem 30. Januar 1933 bei der Finanzierung Hitlers und der NSDAP zurückhaltender waren als mittlere Unternehmer der Verbrauchsgüterindustrien. Die Schwerindustrie hatte schließlich ihre traditionelle politische Lobby auf dem rechten Flügel der Deutschen Volkspartei (DVP) und in der Deutschnationalen Volkspartei (DNVP), die allerdings beide an der Zerstörung der Weimarer Republik emsig mitgewirkt hatten. Bedeutsamer als die Parteienfinanzierung war für deren Schicksal aus heutiger Sicht, daß die in den Unternehmerverbänden noch weithin dominierende Schwerindustrie den sozialpolitischen Basiskompromiß mit den Gewerkschaften seit dem Ruhreisenstreit (Ende 1928) vollends aufgekündigt hatte.

Bis zu Schumachers Tod und sogar darüber hinaus wirkte sein moralisch begründetes und rigide formuliertes Diktum von 1945 als dominierendes politisches Credo, auch wenn im politischen Alltag durch die Entflechtungsauflagen der Alliierten, durch die Einführung der paritätischen Mitbestimmung in den Grundstoffindustrien sowie durch die Europäische Montanunion die politisch relevante Macht der Schwerindustrie an Rhein und Ruhr minimiert und deren Weltbild erheblich verändert wurde.

Erhard war zeitlebens davon überzeugt, daß die paritätische Mitbestimmung nicht nur rechtlich verfehlt sei, sondern auch die Produktionsleistung absinken lasse. Im Gegensatz dazu hatte die SPD dieses von Fritz Tarnow schon in der zweiten Hälfte der zwanziger Jahre entwickelte Element eines wirtschaftsdemokratischen Konzepts nach 1945 übernommen, auch wenn es in ihrer Programmatik zunächst hinter der Vergesellschaftung der Schlüsselindustrien rangierte. Durch das Gesetz über die Ausweitung der

Mitbestimmung auf den Montanbereich im Januar 1951, durch gewerkschaftlichen Druck und Adenauers geschickte Politik, die Gewerkschaften im Gegenzug in den Prozeß der westeuropäischen Integration einzubinden, war ein wesentliches Element der lebenden Wirtschafts- und Sozialverfassung der Bundesrepublik teils befestigt, teils neugestiftet worden. Die sozialdemokratische Opposition hatte hieran durch ihre parlamentarische Zustimmung wesentlichen Anteil, befand sich jedoch in den Grundsatzdebatten über die Wirtschaftsordnung im Bundestag wie in der öffentlichen Diskussion auch nach 1949 weiter in der Defensive.

Je stärker Erhard und seine Anhänger in der Regierungskoalition – vor allem in der FDP, die ihn entdeckt hatte, ihn aber bald durch Adenauers Anwerbekunst an die CDU verlor – in den Wahlkämpfen seit 1949 mit den Erfolgen der Marktwirtschaft auftrumpfen konnten, um so verbissener bemühten sich die wirtschaftspolitischen Sprecher der SPD in den Gründungsjahren der Republik darum, den Begriff Marktwirtschaft zu vermeiden oder ihn allenfalls zu benutzen, wenn es galt, deren Defizite aufzuzeigen[11].

In den Jahren ab 1948/49 gab es nur einen prominenten Wirtschaftspolitiker der SPD, der diesen Begriff mit positiven Akzenten versah. Dies war Rudolph Zorn, Nachfolger Erhards als bayrischer Wirtschaftsminister, der schon auf dem Düsseldorfer Parteitag im September 1948 – in Abwesenheit Schumachers – von »regulierter« bzw. »gelenkter Marktwirtschaft« sprach und folgende vier »Kernforderungen« als »unabdingbar für eine Neuordnung« der Wirtschaft erhob:

»1. Die Forderung eines gerechten Lohnes und wirtschaftlicher Sicherheit. 2. Die Forderung der demokratischen Teilnahme an der politischen und wirtschaftlichen Macht. 3. Die Forderung der gleichen Chance für jedermann. 4. Die Forderung der Konsumfreiheit.«[12]

Mit Ausnahme von Teilen der zweiten Forderung waren alle übrigen Forderungen in Erhards Konzept der Marktwirtschaft enthalten.

Aber Rudolph Zorn – einer der Männer der ersten Stunde, dessen Werk es wiederzuentdecken gilt – blieb, wie schon auf diesem Parteitag sichtbar wurde, zunächst ein Außenseiter – jedenfalls unter den auf der zentralen Ebene hervortretenden Wirtschaftspolitikern der SPD. Deren Wortführer in den Debatten des ersten Bundestages war Erik Nölting. Wie Erhard war er Schüler von Franz Oppenheimer. Ihm gelang der eine oder andere Punktsieg gegen Erhard, vor allem während der Korea-Krise. Wegen der erheblichen Preissteigerungen, die v. a. auf äußeren Einflüssen beruhten, und unter dem Druck Adenauers hatte der Wirtschaftsminister einzelne kleinere Bewirtschaftungsmaßnahmen – etwa Kundenlisten im Kohlenhandel für die Hausbrandversorgung, Stromabschaltungen, Lenkung des Schrotts und Einschränkungen im Zugverkehr – angeordnet. Nölting hielt ihm vor, Zwangswirtschaft sei die Ergänzung seiner (Erhards) freien Wirtschaft da, wo sie nicht mehr weiter könne. Die SPD gebe sich nicht mit diesem Kabinett »zu einer Pokerpartie der Brotkarte und der Zwangswirtschaft her!«. Weiter heißt es da: »Er spricht heute von Planung – er, der uns neulich noch höhnisch sagte: ein bißchen Planwirtschaft gibt es genauso wenig wie ein bißchen Schwangerschaft«[13].

Diesem Zitat ist unschwer zu entnehmen, wie froh Nölting war, einmal mit der Retourkutsche fahren zu können. Auf die ständig wiederkehrenden Fragen des Regierungslagers, wie sich die Vorstellungen der Opposition von einer geplanten und gelenkten Wirtschaft ohne Zwangsmaßnahmen und zentralen bürokratischen Apparat verwirklichen und wie sich im einzelnen Planung und Wettbewerb, der im Bereich der Konsumgüter von der SPD durchaus bejaht wurde, verbinden ließen, mußten Nölting und andere sozialdemokratische Sprecher im Bundestag zumeist die Antwort schuldig bleiben. Aber es war nicht nur Schumachers Wirtschaftskonzeption, die ihren schweren Schatten über sie warf. Die Debatten hinterlassen zwar den Eindruck, daß die sozialdemokratische Wirtschaftspolitik aus den Erfahrungen der Weltwirtschaftskrise – Hilferdings These von der Unvermeidbarkeit der Reinigungskrisen im Kapitalismus hatte zur Unterstützung der Deflationspolitik Brünings durch die SPD beigetragen – gelernt hatte. Sie trat nun für eine aktive Konjunkturpolitik und Vollbeschäftigung ein – notfalls finanziert durch staatliche Kreditschöpfung nach keynesianischem Muster – eine Politik, die Erhard als »sozialistisches Dogma«[14] selbst dann noch schroff ablehnte, als die Arbeitslosenzahlen im Februar 1950 fast die Zweimillionengrenze (ca. 12 % aller Arbeitnehmer) erreicht hatten.

In die Feinheiten marktwirtschaftlicher Steuerungsmethoden waren aber die wenigsten sozialdemokratischen Politiker eingedrungen. Einige jüngere, der SPD nahestehende Ökonomen versuchten zwar schon – zumindest theoretisch – in der Weimarer Republik, den Markt als das wirtschaftlich leistungsfähigste Ordnungsprinzip mit sozialstaatlicher Sicherung und konjunkturellen Steuerungsmaßnahmen zu kombinieren. Sie mußten 1933 jedoch emigrieren. Die meisten kehrten nach 1945 nicht zurück. Zu ihnen zählte u. a. Emil Lederer, der in Heidelberg, ab 1931 in Berlin gelehrt hatte. Schon 1920 hatte er entgegen der Marxschen These, Kapitalismus sei ein marodes System, darauf hingewiesen, daß dies ein »sehr gut konstruiertes Wirtschaftssystem« sei. Alle Sozialisierungspläne (er war Mitglied der Sozialisierungskommission), die den Interessenpluralismus und die notwendige Konfliktregelung ausblendeten, seien zum Scheitern verurteilt. Später hat er sich intensiv mit den Innovationsschüben durch technische und organisatorische Rationalisierung und deren Einfluß auf die Konjunkturzyklen beschäftigt. In eine ähnliche Richtung, allerdings viel offener als Befürworter der Marktwirtschaft auftretend, forschte Adolf Löwe. Als Mitarbeiter im Reichsarbeits- und Reichswirtschaftsministerium sowie im Statistischen Reichsamt verfügte er über ein umfangreiches empirisches Wissen. Später war er als Professor in Kiel (auf dem Lehrstuhl des Soziologen Tönnies) sowie am Kieler Institut für Weltwirtschaft tätig. Zu seinen Mitarbeitern und Schülern zählten neben Gerhard Colm und Hans Neisser die als Ökonometriker bekannt gewordenen Jakob Marschak und Wassily Leontief, der für seine Input-output-Analysen 1972 den Nobelpreis erhielt.

Der Dritte im Bunde war Eduard Heimann, der später zu den religiösen Sozialisten um Paul Tillich gehörte. Er strebte eine Synthese von Sozialethik und ökonomischer Rationalität an. Er war der einzige, der aus der Emigration zurückkehrte. Seine druckreifen Vorlesungen in Hamburg haben u. a. auch den Studenten der Volkswirtschaft Helmut Schmidt beeindruckt.

Ein anderer akademischer Lehrer Schmidts, Karl Schiller, hat Erkenntnisse dieser drei wie auch anderer emigrierter Wissenschaftler in seinen früheren Arbeiten verwertet, sie teilweise auch zitiert, was im Dritten Reich Mitte der dreißiger Jahre bei Autoren jüdischer Herkunft gewiß nicht mehr die Regel war. Über welche wissenschaftlichen Erkenntnisse und empirischen Erfahrungen verfügte aber Ludwig Erhard?

Volker Hentschel hat in seiner kürzlich erschienenen Erhard-Biographie die Vermutung geäußert, Erhard sei vielleicht deshalb ein so guter Wirtschaftspolitiker gewesen, weil er ein so naiver Ökonom gewesen sei[15]. Gewiß, Großtheorien hat Erhard nicht entworfen. Zweifel sind erlaubt, ob er mit den Feinheiten der Ökonometrie oder mit den Theorien internationaler Ökonomen der klassischen Moderne vertraut war, etwa den Koryphäen der Cambridger Schule, mit Marshall und Pigou, den Lehrern Keynes'. Auch um die Soziale Marktwirtschaft als theoretischen Ordnungsentwurf haben sich Müller-Armack, Röpke und die Freiburger Schule mehr Verdienste erworben als Erhard selbst. Es ist jedoch vor allem Erhards Verdienst, sie durch den Geniestreich von 1948 politisch umsetzbar gemacht und in den Jahren danach unter wechselnden Bedingungen einigermaßen gehalten zu haben. In den zwanziger und dreißiger Jahren hatte er empirische Kenntnisse des Verhaltens der Marktteilnehmer als Produzenten und Konsumenten erworben. Diese halfen ihm entscheidend dabei, die durch Kriegs- und Nachkriegszeit enorm zurückgestaute Bereitschaft zur produktiven Leistung wie auch den ungeheuren Nachholbedarf an Konsum bei der weit überwiegenden Mehrheit der Bevölkerung politisch konstruktiv zu nutzen. Im Erkennen dieser Disposition der kollektiven Psyche war Erhard höchst modern, möglicherweise mehr durch Erfahrung und Intuition als durch theoriegeleitete wissenschaftliche Akribie – um so schlimmer für die Theorie!

Zuweilen beschwor er in Bundestagsdebatten die Buntheit, Vielgestalt und Wandelbarkeit des Lebens, gar die »Geheimnisse der menschlichen Seele«[16], die sich in allen Lebensäußerungen zeigten und denen durch eine »Planungsbürokratie« nicht beizukommen sei. Wenn Schumacher dann dazwischenrief: »Wir wollen etwas über Ökonomie hören und nicht über die Seele!«, wurde die kognitive Dissonanz zwischen beiden spürbar, ihr unterschiedliches Menschen- und Gesellschaftsbild sichtbar.

Im übrigen gibt es Beispiele dafür, daß Erhard die Chance, neue, durch wissenschaftliche Methoden erworbene Erkenntnisse in der Politik anzuwenden, früh nutzte. Das war bei der Untersuchung des »politischen Marktverhaltens« durch Meinungsforschung der Fall. Als Elisabeth Noelle-Neumann über ihren Tübinger akademischen Lehrer Carlo Schmid 1949 bei der SPD anfragen ließ, ob sie an diesem neuen politischen Instrument interessiert sei, winkte diese ab. Erhard und auch Adenauer nahmen das Angebot an. Bei der SPD dauerte es noch ein Jahrzehnt, bis die Mannschaft der Reformer um Erler, Carlo Schmid und Wehner durch die Beteiligung an der Gründung von Infas Ende der fünfziger Jahre nachzog. Die Vorgaben Schumachers und das traditionelle Verhalten Ollenhauers und seiner Führungsgruppe, die dieses Erbe mehr verwalteten als weiterentwickelten, erschwerte Reformbemühungen in den Grundfragen der Wirtschaftsordnung.

»Wettbewerb soweit wie möglich, Planung soweit wie nötig« – wirtschaftspolitischer Wandel in der SPD

Einen ersten Durchbruch erzielte Karl Schiller auf einer wirtschaftspolitischen Tagung der SPD am 27./28. Februar 1953 in Bochum. Er faßte konkreter als bisher zusammen, was Sozialdemokraten unter wirtschaftlicher Planung verstanden, und reduzierte sie faktisch auf eine Rahmenplanung durch die öffentlichen Haushalte als flexibles Mittel zur Verstetigung der Konjunktur und damit der Krisenvermeidung. Wichtige Elemente, die die ein Dutzend Jahre später beginnende Diskussion über ein Stabilitätsgesetz prägten, nahm er bereits hier vorweg. Die Methodik sozialdemokratischer Wirtschaftspolitik komprimierte er in der Formel »Wettbewerb soweit wie möglich, Planung soweit wie nötig«. Diese Formel fand erst sechs Jahre später Eingang in das Godesberger Programm vom November 1959.

Eine konstruktive Beteiligung der SPD an den Beratungen über das Gesetz gegen Wettbewerbsbeschränkungen – für Erhard ein, wenn nicht das Grundgesetz der Marktwirtschaft – hatte allerdings weit früher begonnen. Schon 1951 hatte Schiller als Hamburger Senator für Wirtschaft in dem Sonderausschuß des Bundesrates, der für diesen Gesetzentwurf eingerichtet worden war, Seite an Seite mit Erhard für die Annahme des Verbotsprinzips gefochten und eine knappe Mehrheit erreicht. Damit war aber erst eine Etappe auf dem für Erhard dornenreichen, sechs Jahre dauernden Weg dieses Gesetzes durch das Gestrüpp der Verbandsdiskussionen und der parlamentarischen Ausschußberatungen erreicht. Auch in den folgenden Jahren kam es in Bundesrat und Bundestag immer wieder zu der aus Erhards Sicht schmerzlichen Situation, daß die SPD-Vertreter seinen Kampf für das prinzipielle Verbot von Kartellen unterstützten, während die CDU/CSU mehrheitlich das Mißbrauchsprinzip favorisierte, das sich viel weniger mit Sanktionen bewehren ließ – allen voran Adenauer, beraten von dem gewiß brillanten, aber auch meist interessengebundenen Dreigestirn Abs, Berg und Pferdmenges.

Schließlich wurde das Verbotsprinzip zwar durchgesetzt, aber mit so vielen Ausnahmen versehen, daß seine Wirkung stark beeinträchtigt wurde. Da außerdem die Fusionskontrolle gestrichen wurde, stimmte die SPD im Juli 1957 schließlich gegen das Gesetz.

Die mit steigendem Wohlstand vor allem seit Mitte der fünfziger Jahre zunehmenden Verteilungskonflikte, das Walten der »Funktionäre« und die immer tiefer sich einschleifenden Interessen einzelner Gruppen und Verbände, die gegen sein Verständnis einer übergreifenden wirtschaftlichen Vernunft handelten, waren Erhard ein Dorn im Auge. Seinen Ärger hierüber lud er nicht nur in Klagebriefen an Adenauer oder in Hintergrundgesprächen mit Journalisten und Abgeordneten der »Brigade Erhard« ab – einer Art informeller Lobby zur Beförderung der politischen Ambitionen ihrer Leitfigur, insbesondere der Kanzlernachfolge. Vielmehr nutzte er die Wahlkämpfe, um auf die Opposition einzuhauen. Sie bot in ihrer Spitze immer noch Angriffsflächen; auch im Bundestagswahlkampf 1957 sprach Ollenhauer von der Notwendigkeit, die Grundstoffindustrien zu vergesellschaften, obwohl diese ehemaligen Schlüsselindustrien immer mehr zu Sorgenkindern wurden. Aber in der praktischen Wirtschafts- und Sozialpolitik, die von jüngeren Kräften in der Bundestagsfraktion um Heinrich Deist, Fritz Erler, Ernst Schellenberg und andere geprägt wurde, hatte die Mehrheit der SPD-Abgeordneten schon vor Godesberg einen Weg eingeschlagen, der Erhard allenfalls indirekt – oft in einer neuen verkehrten Frontstellung – Angriffsflächen bot. Im Januar 1957 hatte die SPD-Fraktion gemeinsam mit dem Gros der CDU/CSU-Fraktion gegen die FDP der Einführung der lohnbezogenen dynamischen Rente zugestimmt. Erhard war mit ähnlichen Argumenten wie die FDP gegen die Rente als Lohnersatzleistung und wollte sie, die er vor allem als Sicherung des Existenzminimums verstand, nur von Fall zu Fall dem realen Produktivitätszuwachs anpassen. Nur murrend hatte er sich den vor allem wahlpolitisch fundierten Argumenten Adenauers gefügt, der bei einem Scheitern der dynamischen Rente fürchtete[17], die SPD werde im Wahlkampf aus ihrem zuerst vorgelegten Entwurf Nutzen ziehen.

Anläßlich der zweiten wichtigen Entscheidung des Jahres 1957, bei der die SPD-Fraktion über den Schatten des Schumacherschen

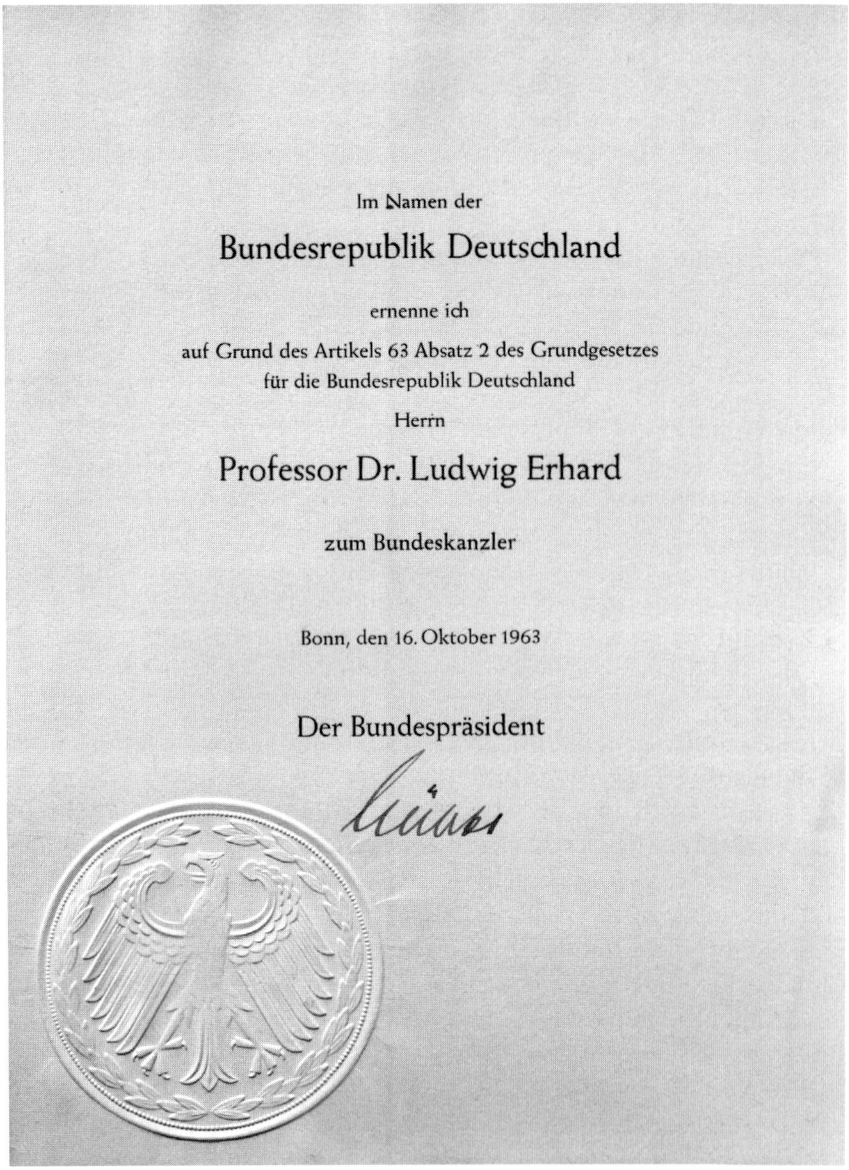

Im Namen der

Bundesrepublik Deutschland

ernenne ich

auf Grund des Artikels 63 Absatz 2 des Grundgesetzes
für die Bundesrepublik Deutschland

Herrn

Professor Dr. Ludwig Erhard

zum Bundeskanzler

Bonn, den 16. Oktober 1963

Der Bundespräsident

Ernennungsurkunde zum Bundeskanzler vom 16. Oktober 1963

Erbes sprang – bei der Zustimmung zu den Römischen Verträgen über die Europäische Wirtschaftsgemeinschaft –, wiederholte sich diese Konstellation. Die FDP stimmte dagegen, und Erhard schickte sich gegen seine vermeintlich bessere Einsicht ins Unvermeidliche.

Diese strategischen Entscheidungen des Jahres 1957 eröffneten der SPD zusammen mit der Verabschiedung des Godesberger Programms von 1959 und Wehners Bundestagsrede vom 30. Juni 1960 in den sechziger Jahren eine Chance zur Beteiligung an der Bundesregierung. Eine weitere Bedingung für die Möglichkeit von Regierungswechseln – vielleicht sogar die wesentlichere – liegt jedoch darin, daß sich die Regierung im Kampf mit den Aufgaben, die sie lösen muß, entweder selbst blockieren oder vollends verschleißen muß.

Beim Sturz Erhards im November 1966 gab die Selbstblockade der größeren Regierungspartei und ihrer führenden Repräsentanten den Ausschlag.

Dabei hatte Erhards Kanzlerschaft drei Jahre zuvor unter – zumindest auf den ersten Blick – günstigen Auspizien begonnen. Die parlamentarische Opposition unter Führung Fritz Erlers – Ollenhauer erlag wenige Wochen später einem schweren Leiden – begann verhalten. Zum einen fürchtete sie nach wie vor Erhards große Popularität als Symbol des wirtschaftlichen Wiederaufstiegs der Bundesrepublik und hätte bei einem Frontalangriff ihr eigenes, mühsam genug erworbenes Ansehen aufs Spiel gesetzt. Zum anderen pflegte Erler einen moderaten Oppositionsstil und ließ die neue Regierung zunächst ihr eigenes Programm entfalten, um sie daran wie an den sachlichen Alternativen der Opposition zu messen.

In Erlers Antwort auf die erste Regierungserklärung Erhards als Bundeskanzler am 24. Oktober 1963 hieß es denn auch, die Erklärung unterscheide sich »in vielem positiv von den früheren«, weil sie sich bemühe, eine »ungeschminkte Darstellung der gegenwärtigen Lage unseres Volkes in einem zerrissenen Lande« zu geben, die in der Regierungserklärung von 1961 nach »dem schrecklichen Erlebnis der Mauer so schmerzhaft« vermißt worden sei. Diese Äußerungen sollten den goodwill deutlich machen, den die Opposition dem neuen Kanzler entgegenbrachte. Dasselbe Ziel verfolgte er, als er seiner Hoffnung Ausdruck verlieh, daß »die böse Verketzerung des Andersdenkenden für immer der Vergangenheit« angehöre, und ankündigte, die SPD sei nicht so engstirnig, »aus parteiegoistischen Gründen« dem Kanzler Mißerfolg zu wünschen. Die damit verknüpfte Aufforderung, anders als die letzten beiden Kabinette Adenauers (1961–1963) »von der Rede zur Tat«[18] zu gelangen, enthielt jedoch die Warnung, daß es mit diesem goodwill vorbei sein werde, falls die Regierung ihre Versprechungen nicht einlösen könne. Die eigene Fraktion rief Erler dazu auf, kritische Wachsamkeit zu üben und am Wettstreit um die besseren Lösungen teilzunehmen. Kurz: Erler benutzte das klassische agitatorische Instrumentarium parlamentarischer Opposition auf eine Weise, die nicht nur bei einem Vergleich mit der Gegenwart Nostalgie aufkommen läßt. Das gilt nicht minder für die Sachthemen, die Erler ansprach – von den Gemeinschaftsaufgaben in Bildung und Wissenschaft sowie im Städte- und Wohnungsbau über die Gesundheits- und Sozialpolitik bis hin zur Steuer- und Wettbewerbspolitik.

In einer kurzen Replik nahm Erhard die ihm von Erler gebotene Chance wahr und nannte dessen Rede »einen fairen Beitrag auf hohem Niveau zur Regierungserklärung«. Damit schien die Opposition – ebenso wie Öffentlichkeit und Verbände – dem neuen Kanzler zu bestätigen, daß ihm jene – durch die geschriebene Verfassung vorgegebene und von seinem Vorgänger vorgelebte – Schlüsselrolle im politischen System der Bundesrepublik zugefallen war, die Rüdiger Altmann in Carl Schmittscher Diktion die der »autoritären Zentralperson« genannt hat[19].

War Erhard seiner Persönlichkeitsstruktur nach eine »autoritäre Zentralperson«? Konnte er dies als homo oeconomicus sein? Konnte er politische Preise in der Außen- und Innenpolitik bezahlen in der vagen Hoffnung, sie würden sich im grauen Nebel der Zukunft einmal rentieren? Konnte er sich diplomatisch verstellen, finassieren, arcana imperii zu bewahren, um sie zu geeigneter Zeit zu nutzen? Dies alles paßte nicht zu ihm.

Als Erler im April 1964 in der Debatte über den Kanzleretat den weitgehenden Stillstand bei wichtigen Reformgesetzen kritisierte und – eher nebenbei – für eine stärkere Offenlegung des Titels 300, des Reptilienfonds, eintrat, beteuerte Erhard in seiner Antwort: »Mir liegen Geheimnisse nicht.« Das stimmte. An gleicher Stelle betonte er, wie wichtig es ihm sei, »der Wahrhaftigkeit auch in der Politik unter allen Umständen zum Siege zu verhelfen«. Es sei das gute Recht der Opposition zu sagen, er, Erhard, verstehe von diesem und jenem nichts ... Dann eine Tonlage höher: »Wenn Sie mir aber in heimtückischer Weise Motive unterstellen, die nicht stimmen, dann schlage ich auf den Tisch. Ich glaube, das ist der Stil, den wir in der Politik überhaupt verfolgen sollten. Dann wäre manches etwas ruhiger zu erledigen, und wir kämen in der Sache sehr viel weiter.« Dazwischen Wehners Zuruf: »Bloß Sie verwechseln uns mit Adenauer, wenn Sie so reden! – Heiterkeit bei der SPD«. Darauf Erhards Begründung, weshalb er es von vornherein abgelehnt habe, Parteivorsitzender der CDU zu werden: »Im Falle Adenauers war das eine geschichtliche, einmalige Situation. Ich wollte indessen mit dieser meiner Entscheidung klarmachen, daß ich mich über manche Meinungen, die auch in meinem politischen Lager da und dort lebendig sein mögen, erheben will. Mehr können Sie nicht verlangen.«[20]

»Gründe und Abgründe der Macht« – das Scheitern Ludwig Erhards

Mehr konnte eine Opposition in der Tat nicht verlangen! In Wehners Hinweis auf Adenauer und in Erhards Bekenntnis deuteten sich Gründe des späteren Scheiterns an, genauer »Gründe und Abgründe der Macht«, wie dies einmal Dolf Sternberger ausgedrückt hat.

Lagen sie überwiegend in dem apolitischen Politikverständnis des Kanzlers, in seinem Bemühen, in einer Parteiendemokratie den innerparteilichen Streit zu meiden, sich gar über die Parteien zu erheben? Diese Frage kann weitgehend mit Ja beantwortet werden. Da half auch nicht die Stilisierung zur »autoritären Zentralperson«, die er trotz einiger autoritärer Redewendungen gegen politisierende Schriftsteller nicht sein wollte noch sein konnte. Ebensowenig halfen am Ende der sozialökonomischen Rekonstruktionsperiode der Bundesrepublik bei abnehmenden wirtschaftlichen Wachstumsraten und zunehmender Härte der Verteilungskämpfe vage und mißverständlich formulierte Konzepte wie das der »Formierten Gesellschaft«, bei der erneut Altmann, inzwischen einer der Kanzlerberater, Urheberrechte beanspruchen konnte.

Als Erhard in seiner zweiten Regierungserklärung nach der Bundestagswahl 1965 – seine Popularität hatte der CDU/CSU noch einmal über 47 % und damit das bislang zweitbeste Ergebnis eingebracht – mit dieser Formel aufwartete, goß Erler in seiner Antwort die volle Schale des Spotts über ihm aus: »Die undeutlichen Formeln des Kanzlers sind sehr reziplikativ. Sie werden fragen, was das heißt (Lachen in der Mitte). Das heißt gar nichts; das spricht sich nur so schön (Beifall und große Heiterkeit bei der SPD).«[21]

Im Unterschied zu Kommentatoren aus dem linksliberalen Spektrum unterstellte Erler dabei keineswegs, daß mit der »Formierten Gesellschaft« autoritäre Tendenzen verbunden seien. Im übrigen schob er mit etwas zu leichter Hand die Notwendigkeit beiseite, die jede Regierung in einer pluralistischen Industriegesellschaft dazu zwingt, an den sozialen Grundkonsens zu erinnern, den Gemeingeist zu beschwören, notfalls mit der Ankündigung von gesetzlichen Maßnahmen der politischen Vernunft auf die Sprünge zu helfen. Sehr viel mehr war aus Erhards Konzept nicht herauszulesen.

Die Tatsache, daß es meist bei der Ankündigung blieb und wichtige Reformwerke auf der Strecke blieben, gehört zur Geschichte dieses Scheiterns. Aus Redlichkeit ist hinzuzufügen, daß Erhard als Kanzler nicht nur mit den Problemen einer komplexer gewordenen Gesellschaft konfrontiert wurde, zum Teil also Opfer des eigenen Erfolges wurde, sondern auch in einem weltpolitischen Umfeld zu operieren hatte, das sich – gemessen an den fünfziger Jahren – tiefgreifend verändert hatte.

Feste Fronten waren schon zur Regierungszeit Adenauers ins Schwimmen geraten. Dieser litt sichtbar darunter. Die USA setzten, spätestens seit der Kuba-Krise, auf strategische Entspannung mit der anderen Supermacht, die zum Teil auf Kosten der Europäer ging. Frankreich, der kolonialen Last ledig, ging in der NATO und in der Ostpolitik eigene Wege, konnte aber der Bundesrepublik nicht das Maß an Sicherheit bieten, das die USA immer noch verbürgten. In der Deutschlandpolitik begann Ulbricht, insbesondere nach Chruschtschows Sturz, nicht ohne Erfolg eine Anti-Hallstein-Politik zu betreiben.

Es waren neben den Wirkungen der ersten wirtschaftlichen Rezession in der Bundesrepublik diese Probleme, die Erhards Nachfolger Kiesinger in seiner Regierungserklärung zu der Einschätzung brachten, der Bildung der neuen Regierung sei eine lange schwelende, schwere Krise vorausgegangen. Wir wissen jedoch, wie schwer sich auch die Regierung Kiesinger/Brandt damit tat, auf diese neuen außenpolitischen Konstellationen angemessene Antworten zu finden, während sie innenpolitisch relativ erfolgreich operierte.

Lassen Sie mich zusammenfassen:

1. Betrachtet man die drei wichtigsten Gründergestalten der Bundesrepublik – Schumacher, Adenauer, Erhard –, so waren die Unterschiede im Menschen- und Gesellschaftsbild bei Schumacher und Erhard am größten.

2. Erst der Schumacher nachfolgenden Generation von SPD-Politikern gelang es, aus der engen klassenpolitischen Perspektive der Wirtschaftspolitik auszubrechen. Dazu trug der langfristige Erfolg der Erhardschen Politik mehr bei als operative Einzelmaßnahmen.

3. Der Wille, wirtschaftliche Macht zu begrenzen, der bei Erhard wie bei der SPD-Opposition hoch entwickelt war, fungierte zeitweise als Brücke für eine konkrete Zusammenarbeit – etwa beim Kartellgesetz.

4. Eine Beteiligung breiter Schichten am Produktivkapital und damit eine tiefere Fundierung der Wirtschafts- und Sozialverfassung der Republik haben – obwohl intendiert – weder Erhard noch nachfolgende Regierungen unter sozialdemokratischer Beteiligung oder Führung zustandegebracht.

5. An Erhards Scheitern als Kanzler war die Opposition kaum beteiligt – höchstens insofern, als sie der Regierung immer weniger Gelegenheit bot, durch den Streit mit ihr das eigene Lager zusammenzuhalten.

Anmerkungen

1 Vgl. Volker Hentschel, Ludwig Erhard: ein Politikerleben, München/Landsberg 1996, S.19–21.
2 Ebda., S. 23.
3 Ebda, S. 35.
4 Wörtlicher Bericht über die 14. Vollversammlung des Wirtschaftsrates des vereinigten Wirtschaftsgebietes am 21. und 22. April 1948 in Frankfurt/Main (künftig zitiert: Wörtlicher Bericht ...), S. 447 und 455.
5 Ebda., S. 447.
6 Ebda., S. 446.
7 Ebda., S. 443.
8 Wörtlicher Bericht über die 18. Vollversammlung ... (17./18. Juni 1948), S. 654.
9 Wörtlicher Bericht der 14. Vollversammlung ... (21./22. April 1948), S. 452.
10 D. Dowe/K. Klotzbach, Programmatische Dokumente der deutschen Sozialdemokratie, Berlin-Bonn 1973, S. 246.
11 Vgl. etwa Erik Nölting in der Bundestagsdebatte über den SPD-Antrag zur Bekämpfung der Arbeitslosigkeit am 9. Februar 1950 (Deutscher Bundestag, 1. Wahlperiode 36. Sitzung, S. 1146) sowie ders. in der 126. Sitzung (14. März 1951), S. 4806, S. 4808, S. 4810.

12 Protokoll der Verhandlungen des SPD-Parteitages vom 11.–14. September 1948 in Düsseldorf, S. 142/143 und S. 147.
13 Deutscher Bundestag, 1. Wahlperiode 126. Sitzung, 14. März 1951, S. 4811.
14 Ebda., 36. Sitzung, 9. Februar 1950, S. 1157.
15 V. Hentschel, a. a. O., S. 32.
16 Deutscher Bundestag, 1. Wahlperiode 36. Sitzung, 9. Februar 1950, S. 1158.
17 V. Hentschel, a. a. O., S. 269.
18 Die vorstehenden Zitate in: Deutscher Bundestag, 4. Wahlperiode, 92. Sitzung, 24. Oktober 1963, S. 4259.
19 Rüdiger Altmann, Das Erbe Adenauers (1960), zit. nach der TB-Ausgabe, München 1963, S. 17/18.
20 Deutscher Bundestag, 4. Wahlperiode, 122. Sitzung, 15. April 1964, S. 5734.
21 Ebda., 5. Wahlperiode, 7. Sitzung, 29. November 1965, S. 45.

Diskussion der Beiträge

Walter Kannengießer
Ludwig Erhard bin ich zum ersten Mal 1949 – soeben 20 Jahre alt – als Volontär der örtlichen Zeitung auf einer Wahlkundgebung in Osnabrück begegnet. Auf dem Platz vor dem Rathaus drängten sich die Menschen. Sie wollten den Mann kennenlernen, der die Marktwirtschaft durchgesetzt hatte. Sie hörten zu, erst ein wenig skeptisch, dann zustimmend.

Ludwig Erhard war, niemand bestreitet das, ein erfolgreicher Wahlkämpfer. Sollte er dennoch ein unpolitischer Politiker gewesen sein, wie vielfach behauptet wird? Was macht eigentlich einen Politiker aus, der etwas bewegen will? Wie ist Erhard in die Reihe der Politiker einzuordnen? Was zeichnet eigentlich einen politischen Politiker aus?

Hartmut Soell
Ich kann nicht für alle Zeiten sprechen, sondern ich rede konkret über die Bundesrepublik und insbesondere die Jahre, in denen der unmittelbare Wiederaufbau abgeschlossen war, in denen sich Interessen verfestigt hatten, enorme Wachstumszuwächse ausblieben, die die Verteilung erleichterten, in denen die erste Rezession eintrat. In dieser Situation wurden Schwächen und Nachteile eines demokratischen Systems wie das der Bundesrepublik deutlich.

Nicht die Macht des Kanzlers half, die er gemäß Verfassung hat, sondern nur ein wiederholter Appell an die Interessengruppen, die sich teilweise innerhalb der eigenen Fraktion, teilweise im Vorfeld artikulierten. Immer wieder richtete Erhard auch einen Appell an die Mehrheit der Bevölkerung, auch über die Auflösung des Parlamentes oder die Umformung der Regierung wurde gesprochen. Dies alles wäre in einem Präsidialsystem mit einem gewählten Staatschef leichter zu realisieren gewesen.

Insoweit war Ludwig Erhard Charles de Gaulle näher als Adenauer, auch wenn Erhard dem französischen Staatspräsidenten in Persönlichkeit und Tradition grundsätzlich nicht entsprach. Adenauer war durchaus eine autoritative Zentralperson, gleichzeitig aber auch ein großer Vermittler, insbesondere in bezug auf die Interessen in seiner Fraktion, die bereits in den 50er Jahren weit auseinander fielen. Jedenfalls war Adenauer hier recht erfolgreich. Er ging als Regierungschef mit dem Instrumentarium, das ihm die Verfassung bot, bewußt um. Zu berücksichtigen ist hierbei, daß dieses Instrumentarium bewußt von der SPD – von Carlo Schmid ebenso wie von Kurt Schumacher – gewollt war. Das konstruktive Mißtrauensvotum zum Beispiel wurde bereits am Ende der Weimarer Republik von Sozialdemokraten in Erwägung gezogen. Integration durch Konflikt beherrschten sowohl Konrad Adenauer wie auch Kurt Schumacher in gleicher Weise.

Ludwig Erhard paßte mit seiner Persönlichkeit in dieses System als Kanzler nicht recht hinein. Er hätte allenfalls Erfolg haben können mit einem Appell an die Bevölkerung, evtl. durch Auflösung des Parlamentes. Insofern war er in diesem System fehl am Platze. Hieraus ergibt sich, daß Ludwig Erhard im konkreten politischen System der Bundesrepublik Deutschland ein apolitisches Politikverständnis hatte.

Hierbei beziehe ich mich wesentlich auf die Kanzlerzeit. Als Fachminister, insbesondere in herausgehobener Stellung mit symbolträchtiger Vergangenheit, konnte Erhard diese Schwächen leichter verbergen. Schwächen zeigten sich jedoch bereits bei den Beratungen des Kartellgesetzes. Häufig hatte er konkrete Mehrheiten im Bundesrat und im Bundestag nur mit Hilfe der SPD-Opposition hinter sich.

Walter Kannengießer

Konrad Adenauer kann man im demokratischen System als Machtpolitiker bezeichnen. Hatte Adenauer neben machtpolitischen Interessen auch sachpolitische, abgesehen von wesentlichen Entscheidungen wie die Integration der Bundesrepublik in das westliche Staatenbündnis?

Hartmut Soell

Konrad Adenauer hatte ein pessimistisches, skeptisches oder manchmal auch zynisches Menschenbild. Dies äußerte sich auch gegenüber Oppositionspolitikern wie Carlo Schmid, dem er sagte: »Sie glauben an die Menschen, ich nicht.«

Obwohl Konrad Adenauer und Ludwig Erhard unterschiedlichen Generationen angehörten, hatten sie beide die Schrecken der jüngsten Vergangenheit erlebt. Erhard hatte jedoch ein anderes Menschen- und Gesellschaftsbild als Adenauer. Er glaubte, mit ökonomischer Rationalität auch internationale Probleme lösen zu können. Er teilte die Auffassung der Alliierten, die auch aus den Erfahrungen nach 1919 gelernt hatten und nach Ende des Zweiten Weltkrieges auf eine frühe institutionelle Sicherung des internationalen Handels und des europäischen Wiederaufbaus setzten. Hierauf basiert ein Großteil von Ehrhards Erfolgsgeschichte.

Klaus Hildebrand

Adenauer dachte viel stärker vom Staat her, Erhard von der Gesellschaft her. Die Frage nach dem politischen bzw. apolitischen Politiker kann nie prinzipiell, sondern nur graduell beantwortet werden. Selbstverständlich hat Erhard politisch gewirkt, er war die Wahllokomotive für die Union. In diesem Sinne hat er nicht Macht benutzt, aber für andere herbeigeschafft. Ludwig Erhard hatte durchaus ein Verhältnis zur Macht.

In entscheidenden Phasen jedoch hat er immer das Prinzip, die Idee über den Gebrauch der Macht gestellt. Betrachtet man den Wahlerfolg von 1965 mit knapp 48 % für die CDU, die mit nur wenigen Mandaten die absolute Mehrheit verfehlte, dann verwundert es schon, daß Erhard bei der Regierungsbildung so zögerte, insbesondere vor dem Hintergrund des strahlenden Wahlsieges. Schließlich glich das Kabinett, das umgebildet werden sollte, am Ende dem vorherigen.

Dies zeigt beispielhaft, daß Erhard in manchen entscheidenden Situationen die ihm zur Verfügung stehende Macht nicht genutzt hat. Warum nicht? Aus den mir bekannten Materialien glaube ich schließen zu können, daß Machtausübung Erhard auch ein wenig langweilte. Diese Niederungen haben ihn nicht interessiert. Die eigentlichen politischen Vorgänge waren ihm oft zu kleinkariert, er vertraute auf den vernunftbegabten Bürger.

Bei allem Vermögen, Macht handzuhaben, hat Erhard in verschiedenen Entscheidungslagen immer das Prinzip höher geschätzt als den zu schließenden Kompromiß. Insofern ergibt sich die These, daß Ludwig Erhard im eigentlichen Sinne nicht politisch war. Erhard konzentrierte sich auf das, was er für das eigentliche Problem hielt: nämlich die Wirtschaft, die Gesellschaft, die Dynamik, das in die Zukunft gewandte optimistische Menschenbild.

Walter Kannengießer
Erhard hatte zur Außenpolitik kein Verhältnis, und innenpolitisch nutze er seine Macht nicht. Dies hat neben verschiedenen anderen Gründen auch zum Scheitern Erhards als Kanzler geführt.

Gleichzeitig hat Erhard sich durchaus bemüht, die weltpolitischen Strukturen zu verändern und der weltpolitischen Lage Rechnung zu tragen, z. B. durch die Aufnahme diplomatischer Beziehungen zu Israel und die vorsichtige Öffnung in Richtung Osten. Liegt hierin nicht ein Widerspruch?

Klaus Hildebrand
Das Verhältnis Erhards zur Außenpolitik sehe ich nach wie vor kritisch. Viele Leistungen der Regierung Erhard sind im Bereich der Außenpolitik das Werk von Gerhard Schröder. Die Veränderung der Ostpolitik ergab sich auch unter dem Zwang weltpolitischer Gegebenheiten und war unumgänglich. Die Deutschen konnten nicht länger die Formel aufrechthalten, die Wiedervereinigung sei die Voraussetzung für die Entspannung. Erhard hat diese Entwicklung erst sehr spät bemerkt.

Die Aufnahme diplomatischer Beziehungen mit dem Staat Israel hat er von Beginn an als ureigenes Ziel verfolgt. Bei dieser Entscheidung stand er gegen Gerhard Schröder und das Auswärtige Amt.

Das wesentliche Problem für die Bundesrepublik Deutschland unter Bundeskanzler Ludwig Erhard besteht darin, daß die Franzosen mehr Macht für sich beanspruchten und die Amerikaner ihren gewaltigen Einfluß auch im Rahmen der europäischen Gemeinschaft aktivierten, so daß manchmal der Eindruck entstehen konnte, es handele sich bei den europäischen Staaten um Satellitenregime. Kurt Georg Kiesinger hat dies wieder sehr schnell korrigiert.

Den Visionen, die Charles de Gaulle entwarf und als großes Angebot unterbreitete, war Ludwig Erhard nicht gewachsen. Adenauer hat eher gesehen, wo sich Bruchlinien auftaten. Kurt Georg Kiesinger hat mit Hilfe von Willy Brandt das deutsch-französische Verhältnis klarer eingeschätzt. Ludwig Erhard hat auf die amerikanische Karte gesetzt. Dies schien in vielem verständlich, vernünf-

Dargestellt sind v. l. n. r.: Rainer Barzel, Franz Josef Strauß und Eugen Gerstenmaier
Wolfgang Hicks, 1966

tig, weil die Bundesrepublik Deutschland auf die USA angewiesen war. Schließlich ließ Lyndon B. Johnson, den Ludwig Erhard als »Freund« bezeichnete, ihn in den leidigen Devisenausgleichszahlungsverhandlungen fallen. Ungeachtet der wichtigen wirtschaftspolitischen, finanziellen und koalitionspolitischen Probleme, die zu Erhards Sturz beigetragen haben, hat diese außenpolitische Disposition – wie oft in der deutschen Geschichte – zu seinem Scheitern sehr viel beigetragen.

Walter Kannengießer
Diese Spannungen, denen Erhard ausgesetzt war, haben auch innerhalb der Union eine wichtige Rolle gespielt. Auf der einen Seite stand Gerhard Schröder, auf der anderen Franz Josef Strauß. Und die CSU, die dieses Spannungsverhältnis belastete, erschwerte zusätzlich Erhards Führungsleistung. Interessant ist, wie ein Machtpolitiker wie Konrad Adenauer auf diese Situation reagiert hätte.

Hartmut Soell
Ich darf anknüpfen an den Vorschlag von Charles de Gaulle, den er Adenauer nach einem Gespräch mit Ludwig Erhard gemacht hat: Er sei bereit, in gewissem Umfang die »force de frappe« mit den

Deutschen zu teilen. Dies war nicht neu, zumal solche Pläne bereits am Ende der Vierten Republik existierten. Hieran waren bereits Konrad Adenauer, Franz Josef Strauß und die entsprechenden Ministerpräsidenten und Verteidigungsminister sowohl in Frankreich als auch in Italien beteiligt. Erhard hat de Gaulle 1964 dieses Angebot nicht gemacht.

Klaus Hildebrand
Charles de Gaulle hat Karl Carstens bei einem Frühstück dieses Angebot gemacht. Mit Außenminister Schröder hat der General darüber nicht gesprochen, da das Verhältnis zwischen beiden eisig war.

Ob dieses Angebot zukunftsträchtig, ob es wirklich ernst gemeint war, ist nicht zweifelsfrei zu klären. Als Alternative stand die Beteiligung der Deutschen in einem multilateralen Rahmen unter Leitung der Amerikaner im Raum. Bei aufkommenden Zweifeln an der amerikanischen Bündnistreue zog die Regierung auch eine verstärkte Kooperation mit Frankreich in Erwägung. Unbeantwortet bleibt die Frage, ob Charles de Gaulle nur eine finanzielle Beteiligung Deutschlands anstrebte oder eine wirkliche Teilung der Macht.

Außenminister Schröder war sehr skeptisch. Die Atlantiker, zu denen Schröder und Verteidigungsminister Kai-Uwe von Hassel gehörten, entschieden sich für die weitere Kooperation mit der großen Schutzmacht.

Werner Abelshauser
Nach meiner Auffassung lag der entscheidende Augenblick, der das Verhältnis Ludwig Erhards zu Frankreich geprägt hat, nicht im Jahr 1964, sondern schon früher, in den Jahren 1956/57. Damals gehörte Erhard zu den erbitterten Gegnern einer deutsch-französischen Rüstungskooperation.

Die Kooperationsvorschläge, die Erhard den französischen Plänen eines Rüstungspools entgegenhielt, waren ökonomisch motiviert und unterschieden sich dadurch grundsätzlich von der Position Konrad Adenauers, der europapolitisch dachte. Sie waren deshalb mit dem spitzen Rechenstift geschrieben, nicht mit politischem Herzblut. Erhard fürchtete von einer engen Rüstungskooperation mit dem protektionistischen Frankreich eine Aufweichung seiner strengen ordnungspolitischen Vorstellungen. Deshalb hat er das französische Angebot einer europäischen Rüstungsgemeinschaft 1956 ebenso zurückgewiesen wie die vor allem aus den Beneluxstaaten kommenden Initiativen zur Gründung einer Zollunion der Sechs.

Es war Adenauer, der vor dem Hintergrund von Radford-Plan und Suez-Krise wirtschaftliche Bedenken zur Seite schob und – nicht zuletzt im Interesse der nuklearen Rüstungskooperation – einer Wirtschaftsgemeinschaft zustimmte. Die Rüstungskooperation, die bis zum trilateralen Accord von Rom über nukleare Zusammenarbeit führte, scheiterte aber schließlich an der Machtübernahme de Gaulles und an dessen Absicht, Frankreichs Weltmachtambitionen zunächst in einem privilegierten Verhältnis zu den USA und Großbritannien zu sichern.

Aus diesen und vielen anderen Gründen blieb der Bundesrepublik nach 1958 nur der erneute Schulterschluß mit den USA übrig. Als de Gaulle schließlich Adenauer anbot, gemeinsam Raketen und chemische Waffen zu bauen sowie gemeinsam die Wiedervereinigung Deutschlands zu forcieren, konnte Adenauer nur noch deutlich machen, daß er das Angebot nicht mehr mit einer deutsch-französischen Allianz honorieren konnte, die deutlich Gegenposition zu amerikanischen Europainteressen bezog. Er hatte sich – nolens, volens – in Sicherheitsfragen noch enger an die Vereinigten Staaten anlehnen müssen als vor 1956. Für Erhard war diese Entwicklung 1964 nicht mehr zu wenden – selbst wenn er es gewollt hätte.

Lorenz Niegel

Darf ich aus meiner Sicht mit über 21jähriger parlamentarischer Erfahrung als CSU-MdB die ergänzende Frage stellen: Ist Ludwig Erhard an der Außenpolitik oder an anderen Problemen gescheitert? Sicherlich spielte die Frage des Verhältnisses zu de Gaulle und Frankreich einerseits und die Frage der atlantischen Politik (Atlantiker) eine gewisse Rolle. Nach meiner Meinung ist Erhard aber letztlich daran gescheitert, daß er nicht den Willen und das Können zur »Macht« hatte. Er hat geglaubt, daß er mit Appellen, mit seiner Philosophie und seiner Art zu handeln die Bevölkerung und damit indirekt auch das Parlament mitreißen würde. Aber er hat den existierenden Pragmatismus nicht richtig erkannt und ihn zu würdigen gewußt und mit ihm auch den existierenden Parlamentarismus als Handwerkszeug nicht benutzt, wie es Adenauer vorher und andere später praktiziert haben.

Bereits als erster bayerischer Wirtschaftsminister nach dem Krieg wurde er von der US-Besatzungsmacht frühzeitig abgelöst, weil er angeblich nicht sehr talentiert war, ein solches Ministerium zu dieser Zeit zu führen.

Und daher rührt auch ein gewisses Mißverhältnis von Erhard zu der Partei, zu der er eigentlich hingehört hätte, zur CSU. Als Franke hat er sich keinen Wahlkreis in Bayern, im Stammland der CSU, gesucht, sondern im CDU-Bereich, nämlich in Ulm, an der Grenze zu Bayern. Und in der entscheidenden Frage im Herbst 1966 fehlte Ludwig Erhard die Verankerung in der CSU-Landesgruppe.

Im Verhältnis zu heute waren die finanziellen Probleme, die zum Auseinanderbrechen der CDU/CSU/FDP Koalition im Herbst 1966 geführt haben, gering. Die Verärgerung in der CDU/CSU Fraktion über die FDP war jedoch sehr groß und der Wunsch nach einer Wahlrechtsreform war groß, die ein mehrheitsbildendes Wahlrecht schaffen sollte. Die SPD kam dem mit dem Versprechen zur Einführung des Mehrheitswahlrechtes entgegen, was Wehner mit dem Nürnberger Parteitag 1968 allerdings wieder zurückzog im Hinblick auf die Gewinnung der FDP für eine spätere Koalition. Dazu kam, daß sich Franz Josef Strauß als Bundesminister gerne rehabilitieren wollte, Gerhard Schröder und Rainer Barzel bei einem Wechsel zu einer anderen Koalition für sich Chancen sahen.

Hätte aber Ludwig Erhard den entsprechenden »Biß für die Macht« immer an den Tag gelegt und wäre er in der CDU/CSU Fraktion verankert gewesen oder hätte gar als der Kanzler der CSU gegolten, wenn er Mitglied der CSU-Landesgruppe gewesen wäre, dann hätten die Akteure seinerzeit mit ihm nicht so verfahren können wie dies geschehen ist. Sicherlich ist das eine oder andere vor dem Hintergrund der Auseinandersetzung zwischen Atlantikern und Gaullisten verbrämt worden, aber letztlich war dies nicht ausschlaggebend.

Der mangelnde Wille zur Macht zeigte sich auch daran, daß Erhard nicht gerne CDU-Parteivorsitzender werden wollte und nicht unbedingt Gefallen daran fand, Parteivorsitzender zu sein.

Klaus Hildebrand
Ludwig Erhard hatte nicht die Vorstellung wie Adenauer und de Gaulle, eine europäische politische Union zu schaffen. Davon hielt Erhard nichts, vielmehr schwebte ihm eine Freihandelszone in Europa vor. Dieses Europa sollte so globale Bedeutung bekommen.

Hierin liegt eine wichtige Unvereinbarkeit mit der politischen Konzeption für Europa aus den fünfziger Jahren. Grundsätzlich sind das andere Menschenbild und die andere politische Konzeption Erhards im Vergleich zu Adenauer und de Gaulle ausschlaggebend.

Horst Wünsche

Ludwig Erhard soll ein »unpolitischer Politiker« gewesen sein? Er soll ein »apolitisches Politikverständnis« gehabt und deshalb als Bundeskanzler im Politiksystem der Bundesrepublik Deutschland »fehl am Platze« gewesen sein? Erhard habe »der Wille und das Können zur Macht« gefehlt? – Ich habe von Erhard einen völlig anderen Eindruck.

Erhard war ein starker und durchsetzungsfähiger Politiker. Er hat seine Überzeugungen nicht nur mit glühendem Eifer vertreten, sondern sie mit Elan systematisch zu politischen Konzeptionen und Strategien verdichtet und diese dann konsequent, fast stur, umgesetzt. Freilich: Wer die Qualität eines Politikers an der Zahl öffentlich ausgetragener Konfrontationen mißt, bei dem schneidet Erhard schlecht ab. Das kommt daher, daß Erhard in der Regel auf politische Kämpfe verzichten konnte, weil er die Möglichkeiten, seine Politik durchzusetzen, weitsichtig und intensiv bedacht hatte. Er hat Schwierigkeiten und Widerstände frühzeitig ausgelotet, er konnte sie in sein Kalkül einbeziehen und ihnen aus dem Weg gehen.

Das war Erhards Erfolgsgeheimnis. Auf diese Weise hat er alles erreicht, was er erreichen wollte, und insbesondere hat er damit 1948 die Soziale Marktwirtschaft gegen erhebliche Widerstände in allen Parteien, auch in der CDU und CSU, durchgesetzt. Nur einmal ist Erhard anders vorgegangen: Bei der Regierungsbildung nach der Bundestagswahl 1965. Erhard war damals vom Wahlkampf stark angeschlagen und krank. Seine Ärzte empfahlen ihm einen längeren Urlaub. Erhard fühlte sich jedoch in der Verantwortung und agierte in dieser schwierigen Zeit ohne vorher bedachte politische Konzeption. Heute wissen wir: Das war verhängnisvoll.

Klaus Hildebrand

Zu betonen ist, daß Ludwig Erhard nicht den Typus des reinen Machtpolitikers oder des uneingeschränkten Überzeugungsmenschen verkörperte. Doch im Zweifelsfall waren ihm seine Überzeugungen wichtiger als der Kompromiß. Dies ist ein entscheidendes

Kriterium für politische Macht. Zugunsten der Macht, die man benötigt, ist man häufig gezwungen, seine Überzeugung eine Zeitlang zurückzustellen, um sie dann wieder aufnehmen zu können, jedoch mit der Gefahr, daß die Überzeugungen sich im Gebrauch der Macht abschleifen oder gar verlorengehen. Dies wollte Ludwig Erhard nicht. Ihm waren die Ideen und Überzeugungen immer wichtiger.

Christian Watrin
Mich stört die Interpretation, Ludwig Erhard sei ein unpolitischer Mensch gewesen. Vielmehr ist er aus typisch volkswirtschaftlicher Perspektive an die Dinge herangegangen. Volkswirtschaftspolitik bedeutet zunächst, Sachprobleme zu lösen. Mit Blick auf die vorhandenen Sachprobleme hat er seine Konzeption entwickelt. In vieler Hinsicht war er ein klassischer Liberaler, aber auch ein Mann der Sozialen Marktwirtschaft. Er war, wie er selber formulierte, ein entschlossener Ordnungspolitiker.

Er setzte z. B. das Gesetz über Wettbewerbsbeschränkungen durch, bei dessen Diskussion ihm sogar der Kanzler in den Rücken fiel. Dies hat er durchgestanden, und zwar in härtester Konfrontation mit den Interessenverbänden, die auch nach dem Zweiten Weltkrieg stark waren.

Bei der Beurteilung der politischen Qualifikation von Ludwig Erhard ist auch seine Sachkritik am System der nationalsozialistischen Wirtschaftslenkung, das bekanntlich nach Ende des Zweiten Weltkrieges mit völlig unzureichenden Instrumenten weitergeführt wurde, von Bedeutung. Die von ihm vorgelegten Programme bildeten die Grundlage für die Veränderung dieser planwirtschaftlichen Strukturen. Hierbei war er nicht in der Rolle eines Beraters – dann würde ich Ludwig Erhard als unpolitisch einschätzen –, sondern er war derjenige, der die Systemveränderungen von der Wirtschaftslenkung zur Marktwirtschaft in härtester Konfrontation durchsetzte. In diesem Sinne war Ludwig Erhard ein engagierter Vollblutpolitiker.

Ernst-Joachim Mestmäcker
Interessentenpolitik und Wirtschaftspolitik im Interesse der Allgemeinheit waren nach Ludwig Erhards Auffassung unvereinbar. Die Bundesrepublik hat am Anfang ihres Bestehens großes Glück gehabt, einen Politiker zu haben, der sich nicht auf Interessenvertre-

ter stützte, sondern der in der Lage war, die Bevölkerung zu motivieren, ein Wirtschaftssystem zu akzeptieren, für das es in der Vergangenheit keine Entsprechung gab. Die Soziale Marktwirtschaft stand im direkten Gegensatz zur Gemeinwirtschaft, zum organisierten Kapitalismus und zur Planwirtschaft der Nationalsozialisten. Ludwig Erhard hat für seine Politik beharrlicher gekämpft als irgendein anderer Politiker in der Geschichte der Bundesrepublik Deutschland. Die schließliche Zustimmung der CDU/CSU zum Kartellgesetz war nur durch eine Rücktrittsdrohung von Ludwig Erhard zu erreichen. Das historische Verdienst und die politische Leistung von Ludwig Erhard liegen darin, daß er die Soziale Marktwirtschaft als Wirtschaftsordnung durchgesetzt hat.

Fritz Ullrich Fack
Ludwig Erhard war ein erfolgreicher Konfrontationspolitiker. Dies zeigt sich in erster Linie in der Abwehr von Interessengruppen, wo Erhard sich auch als Politiker hervorragend bewährt hat. Hätte er in seiner Partei mehr Rückhalt gehabt, wäre das Debakel von 1966 nicht passiert. Er hätte sich durchgesetzt.

Christian Watrin
Zu ergänzen ist noch, daß seine Wirtschaftspolitik eine Politik der Öffnung der Märkte, der Eingliederung des marktwirtschaftlichen Systems in die offene Weltwirtschaft war. Diese Politik hat Erfolg gehabt. Es ist gelungen, der Bundesrepublik einen Zuwachs an Macht und weltpolitischem Ansehen zu verschaffen. Viele der späteren Entwicklungen wären nicht möglich gewesen ohne eine gesunde ökonomische Entwicklung in der Bundesrepublik. Für Ludwig Erhard war es wichtig, Wohlstand für alle zu schaffen. Er hatte auch das Ziel, Deutschland wieder Reputation in der Welt zu verschaffen. Dies ist ein durchaus politischer Ansatz!

Klaus Schönhoven
War Erhard ein demokratischer Politiker, der die Bundesrepublik als demokratisches System angemessen wahrgenommen hat? Diese Frage ist nicht eindeutig positiv zu beantworten. Erhard hat offensichtlich kein Verhältnis zum Parteienstaat, zu dessen Mechanismen und zu den innerparteilichen Abläufen der Mehrheits- und Machtbildung gewonnen. Erhard hat im Grunde immer oberhalb der Interessen einzelner Gruppen argumentiert.

Auch die von ihm propagierte »formierte Gesellschaft« hat auf den ersten Blick wenig gemein mit einem modernen Staat, der sich in unterschiedlichen Verbänden und Interessen artikuliert. Vielmehr scheint der Begriff wie eine Reminiszenz an die nationalsozialistische Volksgemeinschaft. Vielleicht war Ludwig Erhard ein in vielerlei Hinsicht an das Volk gewandter Populist, aber kein parteienstaatlicher, demokratischer Politiker.

Horst Osterheld

Erhard wäre ein glänzender Bundespräsident geworden. Auch hierbei handelt es sich bekanntlich um eine politische Position. Außenminister Schröder meinte, man hätte »ein goldenes Firmenschild für zehn Jahre« gehabt, wenn Ludwig Erhard Bundespräsident geworden wäre. Doch Erhard wollte nicht Bundespräsident werden, sondern Bundeskanzler! Es ist übrigens ein großer Unterschied, sich in der Wirtschaftspolitik und in wirtschaftlichen Problemlösungen auszukennen oder Außen- und Machtpolitik zu beherrschen. Erhard hatte in der Außenpolitik leider nicht so umfangreiche Erfahrungen, nicht den scharfen Nah- und Fernblick, der dafür notwendig ist.

Horst Wünsche

Die »formierte Gesellschaft« war für Erhard alles andere als ein konstruktivistischer Entwurf für eine neue rational gestaltete Ordnung. Erhards Ziel war lediglich in einer Gesellschaft, die immer stärker von Verteilungskämpfen und klassenkämpferischen Auseinandersetzungen geprägt war, daran zu erinnern, daß ihre Grundlagen Arbeitsteilung und Kooperation sind. In einer arbeitsteiligen Gesellschaft dürfe niemand aus dem Gesamtverband austreten, um egoistische Ziele zu verfolgen. In einer arbeitsteiligen Gesellschaft könne jeder die anderen erpressen. Er brauche nur seine Leistung zu verweigern, dann sei alles gelähmt. Und weil jeder jeden erpressen kann, dürfe keiner damit beginnen.

Klaus Hildebrand

Die »formierte Gesellschaft« war nicht konturiert, sondern eher unklar. Es war keine rückwärtsgewandte Ideologie, die in einer Parallele zur NS-Ideologie stand. Im Gegenteil, sie wandte sich in die Zukunft. Erhard wollte unsere Zukunft nicht verfrühstücken. Vielmehr sollte die Gesellschaft dafür sorgen, daß sie morgen noch etwas zu frühstücken habe, auch in Zukunft eine Rente habe. Dies wollte Erhard sichern. Daher wollte er eine abflachende, sich normalisierende Konjunktur auch an das Sozialniveau anbinden. Auch bei steigenden Löhnen wollte er die Wettbewerbsfähigkeit erhalten. Dies verdichtet sich in der »formierten Gesellschaft« und im Instrument des Gemeinschaftswerkes und ist damit eher zukunftweisend als rückwärtsgewandt.

Erhard ist zu einem guten Teil an der Außenpolitik gescheitert, zu der er kein Verhältnis fand. Für Erhard war wichtig, daß Deutschland in der Welt wieder etwas galt. Dies suchte er über den Produktionsfortschritt und Dynamik in der Wirtschaft zu erreichen. Erhards Botschaft gilt bis heute – ihr ist auch heute hohe Wertschätzung entgegenzubringen.

Hartmut Soell
Auf die Diskussion der nuklearen Abschreckung wurde in den fünfziger und sechziger Jahren viel Energie verschwendet. Einem rational strukturierten Menschen wie Ludwig Erhard mußte es widerstreben, sich diesen irrationalen Gedanken hinzugeben. Hiermit hat er sich viel weniger befaßt als z. B. Konrad Adenauer.

Ludwig Erhards Vorstellung von einer »formierten Gesellschaft« appelliert zurückhaltend an den Gemeinsinn, um auseinanderstrebende Kräfte und Interessen immer wieder zusammenzufügen.

Ludwig Erhard und das Konzept der Sozialen Marktwirtschaft

Heinz Lampert

Wohlstand für alle. Grundzüge der Sozialen Marktwirtschaft

Eine als verbindlich anerkannte eindeutige Interpretation der Sozialen Marktwirtschaft existiert nicht. Vielmehr werden in Wissenschaft und Politik wenigstens zwei unterschiedliche, kontrovers diskutierte Ausprägungen dieser Konzeption vertreten. Durch die seit Jahren bestehenden Probleme des »Wirtschaftsstandorts Deutschland« sowie durch die Krise und die Notwendigkeit der Reform des Sozialstaates ist der Streit um eine verbindliche bzw. »richtige« Konzeption wieder aktuell und heftig geworden.

Strittig ist zum einen, in welchem qualitativen Verhältnis und in welchem Gewicht nach Meinung der Schöpfer dieser Konzeption die marktwirtschaftliche und die soziale Dimension zueinander stehen[1]. Strittig ist zum anderen vor allem, in welchem Verhältnis und Gewicht marktwirtschaftliche und soziale Dimension *in der aktuellen Politik* zueinander stehen können und sollen, denn die Politik muß ihre Gestaltungsaufgaben heute unter einer wesentlich anderen Bedingungskonstellation bewältigen als zur Zeit des politischen, wirtschaftlichen und sozialen Wiederaufbaues. Ich erinnere nur an die wirtschaftlichen und sozialen Folgen des Zusammenbruchs der sozialistischen Staatenwelt, an den mittlerweile geschaffenen europäischen Binnenmarkt, an die in Entstehung begriffene Europäische Währungsunion, an die Globalisierung und an den notwendigen Umbau des Sozialstaates. Auf die Folgen dieser veränderten Bedingungskonstellation für die Gestalt und die Struktur der Sozialen Marktwirtschaft einzugehen, würde den Rahmen dieses Beitrags sprengen.

Ich werde mich darauf konzentrieren, die Konzeption der Sozialen Marktwirtschaft *so* darzustellen, wie ihre Schöpfer sie gesehen haben. Im Rahmen dieser Darstellung soll auch die Rolle Ludwig Erhards als Mitschöpfer und maßgeblicher politischer Gestalter der in der Bundesrepublik verwirklichten Sozialen Marktwirtschaft gewürdigt werden. Es wäre jedoch ungeschichtlich, unrealistisch und wissenschaftlich nicht zulässig, nur auf Erhard abzustellen und davon auszugehen, daß seiner ordnungspolitischen Auffassung alleinige Verbindlichkeit zugesprochen werden kann, geschweige denn, ohne weitere gründliche Prüfung anzunehmen, daß mit einer Rückkehr zu Erhards ordnungspolitischer Konzeption die aktuellen wirtschafts- und sozialpolitischen Probleme gelöst werden könnten[2].

Ich bin der Auffassung, daß Ludwig Erhard mit der Umsetzung wesentlicher Elemente Sozialer Marktwirtschaft in politische Realität eine Leistung vollbracht hat[3], die in ihrer Bedeutung für das spätere Schicksal der Bundesrepublik kaum zu überschätzen ist. Dies wird nur von wenigen bestritten[4]. Er hat die neue Wirtschaftsordnung durchgesetzt gegen massive politische Widerstände, gegen die herrschenden Zeitströmungen[5] in einer politischen Umwelt, die eher verwaltungswirtschaftlichen Vorstellungen zuneigte, und trotz schwieriger aktueller Situationen[6], wie etwa der steigenden Arbeitslosigkeit 1949/50 und einer starken Passivierung der Leistungsbilanz als Frühfolge des 1950 ausgebrochenen Koreakrieges. Diese Leistung der politischen Durchsetzung Sozialer Marktwirtschaft überragt seinen Beitrag zur Entwicklung der ordnungspolitischen Konzeption[7].

Die Wurzeln der Sozialen Marktwirtschaft

Qualität und Bedeutung der Sozialen Marktwirtschaft lassen sich nur zutreffend würdigen, wenn man von den geistigen Fundamenten ausgeht, die dieser ordnungspolitischen Konzeption zugrunde liegen. Diese Grundlagen reichen bis Adam Smith und John Stuart Mill zurück[8]. Die eigentliche Entstehungsgeschichte der Sozialen Marktwirtschaft beginnt jedoch in den dreißiger Jahren unseres Jahrhunderts und läßt zwei Wurzeln erkennen.

Eine dieser Wurzeln stellt die »Freiburger Schule« dar. Ihre führenden Köpfe, Walter Eucken, Franz Böhm und Hans Großmann-Doerth, riefen 1937 die Schriftenreihe »Ordnung der Wirtschaft« ins Leben. Sie wurde von Franz Böhm mit dem programmatisch aufschlußreichen Titel »Die Ordnung der Wirtschaft als geschichtliche Aufgabe und rechtsschöpferische Leistung« eröffnet. Zur »Freiburger Schule« zählten ferner Leonhard Miksch, Verfasser des

Buches »Wettbewerb als Aufgabe. Die Grundsätze einer Wettbewerbsordnung«, Erwin von Beckerath, der Begründer einer Arbeitsgemeinschaft, in der sich antinationalsozialistische Wirtschaftswissenschaftler aus ganz Deutschland zusammenfanden, und nicht zuletzt Adolf Lampe sowie Constantin von Dietze[9]. Auch Friedrich von Hayek darf als Vertreter des Ordoliberalismus nicht unerwähnt bleiben.

Kerngedanke des Ordoliberalismus war es, durch eine vom Staat gegen Wettbewerbsbeschränkungen abgesicherte Wettbewerbsordnung und durch eine Geldordnung, die Geldwertstabilität gewährleistet, eine Wirtschaftsordnung zu schaffen, die zu maximaler wirtschaftlicher Effizienz, zu Vollbeschäftigung und zu einer leistungsgerechten Primärverteilung der Einkommen führt. Sie sollte – nicht zuletzt – die individuelle Freiheit sichern.

Eine weitere Wurzel der Sozialen Marktwirtschaft sind die Arbeiten der Sozioökonomen Alexander Rüstow und Wilhelm Röpke. Schon 1932 hatte Rüstow einen starken Staat gefordert, der über den Interessengruppen steht, der eine an wirtschaftlichen und sozialen Zielen ausgerichtete marktwirtschaftliche Ordnung schafft und diese vor Konzentration und Monopolbildung schützt. In der Emigration in Istanbul schuf er mit seiner dreibändigen »Ortsbestimmung der Gegenwart« den kultursoziologischen Unterbau für die Theoreme der neoliberalen Schule[10].

Ebenfalls in Istanbul und später in Genf entwickelte Wilhelm Röpke in seiner »Gesellschaftskrisis der Gegenwart« (1942) und in der »Civitas humana« (1944) die sozialphilosophischen Grundlagen des Neoliberalismus.

Beide Richtungen des Neoliberalismus verbindet die Erkenntnis, daß der ungezügelte Kapitalismus des 19. Jahrhunderts zu einem erheblichen Machtzuwachs auf seiten der Wirtschaft, zur Entwurzelung und zur Ausbeutung der Menschen geführt hatte und daß die wirtschaftspolitischen Experimente nach dem Ersten Weltkrieg weder eine wirtschaftliche noch eine politische Stabilisierung bewirkt hatten.

Diese Einsichten führten – verstärkt nach dem Ende des Zweiten Weltkrieges – zur Suche nach einer neuen Ordnung[11]. Neo- und ordoliberale Auffassungen flossen ebenso in die ordnungstheoretische und ordnungspolitische Diskussion ein wie Postulate der christlichen Ethik und Ideen des freiheitlichen Sozialismus, der von Karl Schiller und Gerhard Weisser repräsentiert wurde. Schließlich kristallisierte sich die Soziale Marktwirtschaft als Leitbild der westdeutschen Wirtschaftspolitik heraus[12].

Der Begriff wurde von Alfred Müller-Armack[13] geprägt. Nach Meinung nicht weniger Ökonomen ist er maßgeblicher und kompetenter Mitschöpfer dieser ordnungspolitischen Konzeption[14]. Er war ab 1952 enger Mitarbeiter Erhards[15].

Wie sozial sollte Soziale Marktwirtschaft sein?

Die Soziale Marktwirtschaft wurde seinerzeit als »dritter« Weg[16] verstanden, der zwischen ungezügeltem Liberalismus und wirtschaftslenkendem, von Totalitarismus bedrohtem Sozialismus hindurchführt. Er zielt demnach auf eine Synthese ab zwischen rechtsstaatlich gesicherter, insbesondere wirtschaftlicher Freiheit einerseits und den sozialstaatlichen Idealen sozialer Sicherheit und sozialer Gerechtigkeit andererseits.

Marktwirtschaft steht für die wirtschaftlichen Grundfreiheiten: die Konsum-, die Produktions-, die Gewerbe-, die Handels- und die Wettbewerbsfreiheit, die Freiheit der Berufs- und Arbeitsplatzwahl, die Freiheit der Eigentumsbildung und -nutzung. Die marktwirtschaftliche Organisation des Wirtschaftslebens soll nicht nur eine bestmögliche Güterversorgung der Gesellschaft, sondern gleichzeitig Grundrechte wie das Recht auf freie Entfaltung der Persönlichkeit und auf Selbstbestimmung sichern[17].

Auf diesen marktwirtschaftlichen Aspekt der Konzeption legte Erhard besonderes Gewicht[18]. Um ihm Geltung zu verschaffen, führte er in den 50er Jahren einen langwierigen, zähen Kampf um das 1957 verabschiedete Gesetz gegen Wettbewerbsbeschränkungen.

In bezug auf die soziale Dimension vertrat Erhard eine engere Interpretation, als sie dem Attribut »sozial« im politischen und wissenschaftlichen Raum überwiegend zuerkannt wurde und wird[19/20].

Nach der engeren Interpretation wird der Marktwirtschaft ein sozialer Charakter zuerkannt, weil sie durch wirtschaftliche Leistungsfähigkeit und hohe Produktivität in Verbindung mit der Wettbewerbsordnung die Voraussetzungen für einen »Wohlstand für alle« bietet und weil sie aufgrund der wirtschaftlichen Freiheitsrechte für alle, die ihre Schranken an den Rechten Dritter finden, formale Gleichheit und formale Startgerechtigkeit herstellt. Darüber hinaus plädierte Erhard – sich gleichsam einige Schritte der weiteren Interpretation nähernd – dafür, folgende vier Ziele anzustreben:

1. die Schaffung der Voraussetzungen für einen »echten und gesicherten sozialen Fortschritt«;
2. die Sicherung eines würdigen und steigenden Lebensstandards für die Masse des Volkes[21] und die Gewährleistung eines »angemessenen, würdigen Lebensstandards« für alle diejenigen, die »ohne eigenes Verschulden« wegen Alter, Krankheit oder als Opfer zweier Weltkriege nicht mehr unmittelbar am Produktionsprozeß teilnehmen können;
3. die Verhinderung der »Bereicherung einzelner Bevölkerungskreise zu Lasten anderer« durch eine konsequente Politik der Preisniveaustabilität und
4. die Erhöhung der Massenkaufkraft und damit auch der Lohnersatzleistungen »im Rahmen des wirtschaftlich Möglichen«[22].

Erhard erkannte an, daß auch »eine(r) noch so gute(n) Wirtschaftspolitik durch sozialpolitische Maßnahmen«[23] ergänzt werden müsse, machte sich aber die Interpretation des Attributs »sozial« im weiteren Sinn nicht zu eigen.

Diese weitere Interpretation vertrat vor allem Müller-Armack mit Nachdruck. Sie besagt, daß es zusätzlich zum sozialen Charakter der Marktwirtschaft im Sinne der engeren Interpretation notwendig ist, das Prinzip der Freiheit mit dem des sozialen Ausgleichs zu verbinden und auf der Grundlage einer marktwirtschaftlichen Ordnung ein vielgestaltiges und vollständiges System sozialen Schutzes zu errichten[24]. Für ihn und zahlreiche andere Anhänger der Sozialen Marktwirtschaft ist es unverzichtbar, eine Synthese zwischen rechtsstaatlich gesicherter Freiheit einerseits und den sozialstaatlichen Zielen der sozialen Sicherheit und der sozialen Gerechtigkeit andererseits herzustellen[25].

Während Müller-Armack in bezug auf die Ausgestaltung und die Voraussetzungen der marktwirtschaftlichen Komponente mit den Ordoliberalen übereinstimmte, zweifelte er daran, daß die marktwirtschaftliche Verteilung zu sozial verträglichen Ergebnissen führen, daß freie Märkte im Gleichgewicht bleiben und nach Störungen ausreichend schnell ein neues Gleichgewicht finden würden. Er ging außerdem davon aus, daß die wirtschaftliche und die soziale Dimension gesellschaftlichen Wirtschaftens untrennbar miteinander verbunden seien[26].

1960 schlug Müller-Armack vor, in einer »zweiten Phase« der Sozialen Marktwirtschaft den politischen Aufgabenbereich von der Lösung der Produktionsprobleme in den gesellschaftspolitischen Bereich zu verlagern und zu diesem Zweck unter anderem die Investitionen in das geistige Kapital zu verstärken, selbständige Existenzen zu schaffen, die betrieblichen Gesundheitsdienste auszubauen und eine Politik der Schonung und Verbesserung der Umwelt zu konzipieren[27].

Die Auffassung, daß bei der Interpretation der Sozialen Marktwirtschaft die weitere Fassung des Attributs »sozial« zugrundezulegen sei, wird durchaus nicht nur von einer Minderheit der Persönlichkeiten vertreten, die maßgebliche Beiträge zur Entwicklung dieser Konzeption geleistet haben. Ebenso wie Alexander Rüstow[28] erkannte auch Wilhelm Röpke, daß eine marktwirtschaftliche Ordnung eine notwendige, aber keine hinreichende Bedingung für eine Gesellschaft ist, die sich den menschlichen Grundrechten und der Humanität verpflichtet weiß. Er formulierte dies wie folgt: »Wir wollen keinen Abstrich an Marktwirtschaft, Wettbewerb und freier Wirksamkeit des Preismechanismus, keinen gut geschüttelten Cocktail von Markt-, Monopol- und Kommandowirtschaft. Aber ebenso gut wissen wir, daß, wenn wir eine reinliche, freie und auf dem Wettbewerb beruhende Marktwirtschaft anstreben, diese nicht frei im gesellschaftlichen, politischen und moralischen Raum schweben kann, sondern von einem festen Rahmenwerk gesellschaftlicher, politischer, moralischer Art gehalten und geschützt werden muß. Recht, Staat, Sitte und Moral, feste Normen und Wertüberzeugungen ... gehören zu diesem Rahmen nicht minder als eine Wirtschafts-, Sozial- und Finanzpolitik, die jenseits des Marktes Interessen ausgleicht, Schwache schützt, Zügellose im Zaum hält, Auswüchse beschneidet, Macht begrenzt, Spielregeln setzt und ihre Innehaltung bewacht. Um diese Vorstellung auf den schärfsten Ausdruck zu bringen: Marktwirtschaft ist eine notwendige, aber keine ausreichende Bedingung einer freien, glücklichen, wohlhabenden, gerechten und geordneten Gesellschaft. Marktwirtschaft in einer atomisierten, vermassten, proletarischen und der Konzentration anheimgefallenen Gesellschaft ist etwas durchaus anderes als Marktwirtschaft in einer Gesellschaft mit breiter Streuung des Eigentums, standfesten Existenzen und echten Gemeinschaften, die beginnend mit der Familie, den Menschen einen Halt geben, mit Gegengewichten gegen Wettbewerb und Preismechanik, mit Individuen, die verwurzelt sind und deren Dasein nicht von den natürlichen Ankern des Lebens losgerissen ist. Mit anderen Worten: Das schließliche Schicksal der Marktwirtschaft mit ihrem bewunderungswürdigen und völlig unersetzlichen Mechanismus von Angebot und Nachfrage entscheidet sich – jenseits von Angebot und Nachfrage.«[29]

Diese Formulierungen Wilhelm Röpkes aus dem Jahre 1957 sind heute genau 40 Jahre alt. Sie haben an Aktualität nichts eingebüßt. Vielmehr enthalten sie einen Katalog von Aufgaben, die gerade angesichts der Notwendigkeit, den Sozialstaat zu reformieren, gelöst werden müssen.

Anmerkungen

1 Vgl. dazu A. Gutowski, R. Merklein, Arbeit und Soziales im Rahmen einer marktwirtschaftlichen Ordnung, in: Hamburger Jahrbuch für Wirtschafts- und Gesellschaftspolitik, 1985, S. 49 ff. und die Replik von H. Lampert, A. Bossert, Die Soziale Marktwirtschaft – eine theoretisch unzulänglich fundierte ordnungspolitische Konzeption?, in: Hamburger Jahrbuch für Wirtschafts- und Gesellschaftspolitik 1987, S. 109 ff.

2 Vgl. dazu auch die Skepsis von H. F. Wünsche (Ludwig Erhards Gesellschafts- und Wirtschaftskonzeption, Stuttgart 1986, S. 3 f.), durch eine Rekonstruktion der Wirtschaftspolitik Erhards die aktuellen Wirtschaftsprobleme lösen zu können.

3 Die Hervorhebung der Verdienste Erhards soll nicht den Anteil schmälern, der dem Parlament, der Bank deutscher Länder und anderen Faktoren am wirtschaftlichen und sozialen Wiederaufbau zukommt. Vgl. dazu K. Hardach, Wirtschaftsgeschichte Deutschlands im 20. Jahrhundert, 3. Aufl., Göttingen 1993; F.-W. Henning, Das industrialisierte Deutschland 1914 bis 1992, 8. Aufl., Paderborn 1993; H. Winkel, Die Wirtschaft im geteilten Deutschland 1945–1970, Wiesbaden 1974; H. Jaeger, Geschichte der Wirtschaftsordnung in Deutschland, Frankfurt/Main 1988; H. Abelshauser, Wirtschaftsgeschichte der Bundesrepublik Deutschland 1945–1980, 7. Aufl., 1993 und R. Klump, a. a. O.

4 Eine Ausnahme stellt W. Abelshauser dar, der in seiner Wirtschaftsgeschichte der Bundesrepublik Deutschland 1945–1980, 1. Aufl., Frankfurt/Main 1983 die These vertritt, die Währungs- und Wirtschaftsreform von 1948 und andere Elemente der Sozialen Marktwirtschaft seien für das Wirtschaftswunder von untergeordneter Bedeutung gewesen. Eine ähnliche, wenngleich nicht so stark ausgeprägte Auffassung über das geringe Gewicht der Sozialen Marktwirtschaft für die wirtschaftliche Entwicklung der Bundesrepublik vertritt V. Hentschel in: Ludwig Erhard: Ein Politikerleben, München und Landsberg am Lech 1996, S. 165 ff. Vgl. in diesem Zusammenhang auch die Kritik von R. Klump an Abelshauser in: R. Klump, Wirtschaftsgeschichte der Bundesrepublik Deutschland, Wiesbaden 1985.

5 Vgl. dazu H. Lampert, Die Wirtschaft der Bundesrepublik Deutschland, in: Handwörterbuch der Wirtschaftswissenschaft, Bd. 8, Stuttgart u. a. 1980, S. 705 ff., insbesondere S. 709 f.

6 Vgl. dazu H. C. Wallich, Triebkräfte des deutschen Wiederaufstiegs, Frankfurt

1955, S. 70 ff.; G. Stolper, K. Häuser, K. Borchardt, Deutsche Wirtschaft seit 1970, 2. Aufl., Tübingen 1966, S. 261 ff. und J. Frerich, M. Frey, Handbuch der Geschichte der Sozialpolitik in Deutschland, Bd. 3, Sozialpolitik in der Bundesrepublik Deutschland bis zur Herstellung der Deutschen Einheit, München und Wien 1993, S. 20 ff.

7 So auch H. Jaeger, der a. a. O., S. 225 darauf verweist, daß Erhard »... – im Gegensatz zu Müller-Armack – keine nennenswerten theoretischen Beiträge zur Entwicklung der sozialen Marktwirtschaft leistete, dieser aber wie kein zweiter zu praktischer Geltung verhalf ...«.

8 O. Schlecht, Die Genesis des Konzepts der Sozialen Marktwirtschaft, in: O. Issing (Hrsg.), Zukunftsprobleme der Sozialen Marktwirtschaft, Bd. 116 N. F. der Schriften des Vereins für Socialpolitik, Berlin 1981, S. 9 ff.

9 Vgl. dazu die ausführliche Darstellung bei Chr. Blumenberg-Lampe, Das wirtschaftspolitische Programm der »Freiburger Kreise«, Berlin 1973.

10 Vgl. dazu auch G. Eisermann, A. Rüstow, Persönlichkeit und Werk, in: Aktionsgemeinschaft Soziale Marktwirtschaft (Hrsg.), Wirtschaftsordnung und Menschenbild, Köln 1969, S. 151.

11 Vgl. zu den anthropologischen und ethischen Wertgrundlagen dieser Ordnung G. Gutmann, Ethische Grundlagen und Implikationen der ordnungspolitischen Konzeption »Soziale Marktwirtschaft«, in: G. Gutmann, A. Schüller (Hrsg.), Ethik und Ordnungsfragen der Wirtschaft, Baden-Baden 1989 sowie J. Starbatty, Entstehung und Entwicklung der Sozialen Marktwirtschaft, in: Zeitschrift für Unternehmensgeschichte 1986, Beiheft 45, S. 7 ff. und H. Lampert, Die Wertgrundlagen der Sozialen Marktwirtschaft, in: J. Becker (Hrsg.), Wertepluralismus und Wertewandel heute, Augsburg 1982.

12 Vgl. dazu H. Giersch, Allgemeine Wirtschaftspolitik – Grundlagen, Wiesbaden 1960, S. 188 ff.

13 V. Henschel charakterisiert Müller-Armack a. a. O., S. 83 als einen »Verfechter marktwirtschaftlicher Grundsätze wie Eucken und Röpke, aber ohne die dogmatische Strenge Euckens und ohne den unpraktisch-zivilisationskritischen Impetus Röpkes. Müller-Armack betrachtete den Markt als Mechanismus, der besser als staatliche Planung dafür sorgte, daß mit knappen Ressourcen ein Maximum an Gütern erzeugt wurde. Dazu mußten freilich der Wettbewerb und der Geldwert gesichert sein. Soweit war er mit den Ordoliberalen einig. Er glaubte freilich nicht, daß freie Märkte aus sich selbst heraus im Gleichgewicht blieben und nach äußeren Störungen schnell ins Gleichgewicht zurückkehrten. Und er glaubte nicht, daß die Verteilung, die sich nach der Logik des Marktes ergab, auch eine sozial verträgliche Verteilung wäre. Der Markt sei sozial blind. Deshalb hielt er eine Konjunkturpolitik, die auf Vollbeschäftigung hinwirkte, und eine Sozialpolitik, die das Verteilungsergebnis des Marktes korrigierte, ohne daß beides den Marktmechanismus außer Kraft setzte, für dessen wohlfahrtspolitisch notwendige Ergänzung.«

14 So auch G. Gutmann, a. a. O., S. 335: »Es sei hier darauf verzichtet zu prüfen, inwieweit diesen unterschiedlichen Interpretationen der Konzeption Soziale Marktwirtschaft unterschiedliche ethische Positionen der Interpreten selbst zugrunde liegen. Wegen der besonderen Bedeutung, die Müller-Armack sowohl bei der Entwicklung der Ordnungskonzeption selbst als auch bei deren politischer Realisierung zukommt, scheint es mir legitim, seinen Vorstellungen besonderes Gewicht zu geben.«

15 Müller-Armack übernahm im Herbst 1952 als Abteilungsleiter im Wirtschaftsministerium die wirtschaftspolitische Grundsatzabteilung und machte diese zum intellektuellen Zentrum des Ministeriums. 1958 wurde er Staatssekretär (V. Hentschel, a. a. O., S. 197 und S. 315).

16 Vgl. dazu R. Blum, Soziale Marktwirtschaft, in: Handwörterbuch der Wirtschaftswissenschaft, Bd. 5, Stuttgart u. a. 1980, S. 153 ff. Vgl. auch die Beschrei-

bung der Sozialen Marktwirtschaft bei H. Lampert, Die Wirtschafts- und Sozialordnung der Bundesrepublik Deutschland, 13. Auflage, München und Landsberg am Lech 1997.

17 »Wir dürfen« – so schreibt Wilhelm Röpke in Jenseits von Angebot und Nachfrage, 5. Aufl., Bern und Stuttgart 1979, S. 177 – davon ausgehen, »daß die auf der Marktwirtschaft beruhende Gesellschaft unseres Zeitalters den Anspruch erheben kann, die am wenigsten auf Zwang und Gewalt beruhende der Geschichte zu sein«. Er betont auch, daß es zugleich ein Gebot der Moral, der Menschlichkeit und der staatsmännischen Klugheit sei, »die Wirtschaftspolitik dem Menschen und nicht den Menschen der Wirtschaftspolitik« anzupassen (ebenda, S. 23).

18 Vgl. dazu L. Erhard, Wohlstand für alle, Düsseldorf 1957, passim.

19 V. Hentschel charakterisiert in seiner Erhard-Biographie a. a. O. Erhard als unbeirrbaren, neuliberalen Verfechter einer freien Marktwirtschaft (S. 17) und verweist darauf,
- daß er die »soziale Gerechtigkeit im wirtschaftlichen Nutzen der freien und gesicherten Wettbewerbswirtschaft aufgehoben glaubte« (S. 85),
- daß eine Marktwirtschaft das Epitheton »sozial« nicht dadurch erwirbt, daß sie sich durch wohlfahrtsstaatliche Leistungen auszeichnet, sondern durch ihren Charakter als Wettbewerbswirtschaft (S. 260),
- daß Erhard die ordoliberalen Grundsätze nicht erdacht, sondern übernommen hat (S. 82) und
- daß er das ordoliberale Verständnis von Marktwirtschaft in Müller-Armacks Worte kleidete, ohne das Verständnis des Begriffs im Sinne Müller-Armacks zu übernehmen (S. 83).

Vgl. auch H. F. Wünsche, Welcher Marktwirtschaft gebührt das Beiwort »sozial«?, in: Ludwig-Erhard-Stiftung (Hrsg.), Grundtexte zur Sozialen Marktwirtschaft, Bd. 2, Das Soziale in der Sozialen Marktwirtschaft, Stuttgart u. a. 1988, S. 21 ff., insbesondere S. 26 f.

20 L. Erhard, Wohlstand für alle, a. a. O., S. 7, 8, 41 und 98.

21 L. Erhard, Wohlstand für alle, a. a. O., S. 61 und 83.

22 L. Erhard, Wohlstand für alle, a. a. O., S. 10, 58 und 61.

23 L. Erhard, Wohlstand für alle, a. a. O., S. 148. Eine genaue Analyse der sozialpolitisch relevanten Aussagen Erhards läßt den Schluß zu, daß er sozialpolitisch nicht so restriktiv war, wie es die Überschrift eines seiner Kapitel in »Wohlstand für alle«, nämlich »Versorgungsstaat – Der moderne Wahn« vermuten läßt und wie manche es darstellen, die ihn zum Kronzeugen für eine Rückkehr zu der in den 50er Jahren realisierten Wirtschafts- und Sozialordnung machen.

24 A. Müller-Armack, Art. »Soziale Marktwirtschaft«, in: E. v. Beckerath (Hrsg.), Handwörterbuch der Sozialwissenschaften, Bd. 9, Stuttgart u. a. 1956.

25 Die zuletzt genannten Ziele sind für Müller-Armack neben der Freiheit Grundziele einer Sozialen Marktwirtschaft, weil für ihn die Humanität der höchste Grundwert ist, auf den sich die Soziale Marktwirtschaft bezieht: »Letztes Kriterium einer Ordnung kann nicht ein Ziel sein wie Macht oder Recht, Mehrheit oder Freiheit, Demokratie oder Diktatur, sondern nur dies eine: Humanität.« A. Müller-Armack, Genealogie der Sozialen Marktwirtschaft, Bern und Stuttgart 1974, S. 212 f.

26 Vgl. dazu H. Lampert, Die soziale Dimension gesellschaftlichen Wirtschaftens, in: A. Rauscher (Hrsg.), Die gesellschaftliche Verantwortung der Kirche, Donauwörth 1992, S. 123 ff.

27 Vgl. A. Müller-Armack, Die zweite Phase der Sozialen Marktwirtschaft – Ihre Ergänzung durch das Leitbild der neuen Gesellschaftspolitik, in: A. Müller-Armack (Hrsg.), Genealogie der Sozialen Marktwirtschaft, Bern und Stuttgart 1974, S. 129 ff.

28 Vgl. A. Rüstow, Wirtschaft als Dienerin der Menschlichkeit, in: Aktionsgemein-

schaft Soziale Marktwirtschaft (Hrsg.), Was wichtiger ist als Wirtschaft, Ludwigsburg 1960, S. 8: »Wir sind der Meinung, daß es unendlich viele Dinge gibt, die wichtiger sind als Wirtschaft: Familie, Gemeinde, Staat, alle sozialen Integrationsformen überhaupt bis hinauf zur Menschheit, ferner das Religiöse, das Ethische, das Ästhetische, kurz gesagt das Menschliche, das Kulturelle überhaupt. Alle diese großen Bereiche ... sind wichtiger als die Wirtschaft. Aber sie alle können ohne die Wirtschaft nicht existieren; für sie alle muß die Wirtschaft das Fundament, den Boden bereiten. Primum vivere, deinde philosophari. Wenn die Wirtschaft nicht dafür sorgt, daß die materiellen Grundlagen eines menschenwürdigen Lebens gegeben sind, können alle diese Dinge sich nicht entfalten. D. h., alle diese überwirtschaftlichen Dinge haben Forderungen an die Wirtschaft zu stellen. Die Wirtschaft hat diese Forderungen zu erfüllen, sie hat sich in den Dienst dieser Forderungen zu stellen. Es ist der eigentliche Zweck der Wirtschaft, diesen überwirtschaftlichen Werten zu dienen.«

29 W. Röpke, Marktwirtschaft ist nicht genug, in: Hat der Westen eine Idee?, Schriftenreihe der Aktionsgemeinschaft Soziale Marktwirtschaft, Ludwigsburg 1957, S. 10 f.

Ernst-Joachim Mestmäcker

Die Soziale Marktwirtschaft und der moderne Staat

Ludwig Erhard hat die Bundesrepublik durch seine Politik der Sozialen Marktwirtschaft in einem Kernbereich moderner Staatlichkeit geprägt, nämlich in dem der Wirtschaftsordnung. Ihm ist es gelungen, die Ordnungsprinzipien der Marktwirtschaft in der jungen deutschen Demokratie durchzusetzen und im Bewußtsein der Bevölkerung zu verankern. Dabei war der Zeitgeist zunächst keineswegs sein Verbündeter. Vielmehr traf er mit seinem Vertrauen in die Kräfte einer freien Wirtschaft und einer freien Gesellschaft, in Gewerbefreiheit, Konsumfreiheit und Wettbewerb bei den organisierten Gruppen auf Unverständnis, Mißtrauen und selbst Feindschaft. Erst die nachhaltigen wirtschaftlichen Erfolge dieser Politik führten zu ihrer Bestätigung in Wahlen und schließlich zu einer politischen Situation, in der nicht mehr um die Marktwirtschaft, sondern um die »Marktwirtschaft von links und von rechts« (Franz Böhm) gestritten wurde.

Die grundsätzliche politische Akzeptanz der Sozialen Marktwirtschaft und ihre so begründete demokratische Legitimation reicht jedoch nicht aus, um ihr Verhältnis zu den Aufgaben des modernen Staates zu kennzeichnen. Nicht ausgetragen ist bis heute der in der Staatstheorie häufig festgestellte Widerspruch zwischen dem eigenständigen Ordnungsanspruch der Sozialen Marktwirtschaft und dem demokratischen Staat, der sich seine Aufgaben in potentieller Universalzuständigkeit selbst stellt. Die »ordnungspolitische Gesamtentscheidung« (Walter Eucken) über die Lenkung des Wirtschaftsprozesses mit Hilfe eines funktionsfähigen Preissystems auf der Grundlage von Privateigentum, Vertragsfreiheit und Wettbewerb bedeutet jedoch keine Usurpation staatlicher Kompetenzen zugunsten der Wirtschaft. Die Marktwirtschaft ist vielmehr eine Voraussetzung für die Gewaltenteilung zwischen Staat und Wirtschaft. Sie schafft erst die Voraussetzungen, unter denen politische Freiheitsrechte mit den Erfordernissen ökonomischer Effizienz vereinbar sind. Dazu gehört die wirtschaftliche Unabhängigkeit des Bürgers vom Staat ebenso wie die politische Unabhängigkeit des Staates von der Wirtschaft. Walter Eucken hat diese Zusammenhänge als »Interdependenz der Ordnungen« gekennzeichnet.

Die Soziale Marktwirtschaft soll zugleich ökonomische Effizienz und den Schutz sozial Schwacher vor den individuell nicht beherrschbaren Lebensrisiken gewährleisten. Das soll bei offenen Märkten möglich sein, die in ein System internationalen Freihandels eingegliedert sind.

Der Ordnungsanspruch der Marktwirtschaft

Der Ordnungsanspruch, mit dem die Marktwirtschaft dem Staat gegenübertritt, weist in zwei scheinbar verschiedene, ja entgegengesetzte Richtungen. Der Staat soll einen Rahmen für die marktwirtschaftliche Ordnung schaffen und die daraus folgenden Gebote und Verbote gegen Unternehmen und Verbände durchsetzen. Dies fordert, wie man vielfach gefolgert hat, einen starken Staat. Andererseits soll der Staat in seiner eigenen Politik an marktwirtschaftliche Ordnungsprinzipien gebunden sein. Dies scheint ihn seiner Politikfähigkeit zu berauben und die Wahrnehmung demokratisch legitimierter Ordnungsaufgaben zu gefährden.

Das wichtigste Ordnungsprinzip jeder Marktwirtschaft ist der Wettbewerb. Ludwig Erhard folgerte daraus eine doppelte Staatsaufgabe: Die Überwindung der planwirtschaftlichen und kollektivistischen Planwirtschaft, die das Erbe der nationalsozialistischen Kriegswirtschaft waren, gleichzeitig die Sicherung des Leistungswettbewerbs gegen Kartelle und Monopolisierungen durch die Unternehmen[1]. Dies erfordert strenge Normen gegen Wettbewerbsbeschränkungen. Mit diesem Teil seiner Politik geriet Ludwig Erhard in Konflikt mit weiten Teilen der deutschen Industrie und mit erheblichen Teilen seiner eigenen Partei. Die Härte des Konflikts verweist auf die über seine unmittelbaren Gegenstände hinausgehende Bedeutung. Solange man im Wettbewerb den modernen Naturzustand erblickt, besteht die Aufgabe darin, Auswüchsen mit polizeilichen Mitteln zu wehren und den Vorrang des Staates vor der Wirtschaft zur Geltung zu bringen. Wer andererseits den starken Staat fürchtet, vertraut nicht schon deshalb auf den Wettbewerb als Entmachtungsinstrument (Franz Böhm).

In der Tradition des korporativen Staates ist es vielmehr die Aufgabe der sich selbst verwaltenden Wirtschaft, den Wettbewerb durch Marktordnungen zu domestizieren. Die von Ludwig Erhard in Angriff genommene Aufgabe, den Wettbewerb als ein rechtlich geordnetes Verfahren vor Beschränkungen zu schützen, ist eine zentrale Aufgabe des modernen Staates geblieben. Es ist jedoch eine Aufgabe, die der an sein Territorium gebundene Staat für sich allein nicht mehr in vollem Umfang verwirklichen kann. Die europäischen Verträge enthalten mit ihren Wettbewerbsregeln den wichtigsten Ansatz zu einer Wettbewerbsordnung, die der Internationalität der Unternehmen und Märkte Rechnung trägt.

Die Soziale Marktwirtschaft beruht auf Ordnungsprinzipien, die nicht nur für die Unternehmen im Wettbewerb gelten, sondern die sich an den demokratisch legitimierten Gesetzgeber und an die gewählte Regierung richten. Zwischen den Prinzipien der Marktwirtschaft und der Demokratie besteht jedoch keine prästabilierte Harmonie. Die demokratischen Willensbildungsprozesse tendieren vielmehr dahin, kurzfristigen politischen Interessen Vorrang vor den Ordnungsprinzipien der Marktwirtschaft zu geben. In dem seit dem Zusammenbruch der sozialistischen Staaten nahezu universell anerkannten Zielbündel Demokratie und Marktwirtschaft wird jedoch die Harmonie des politischen und wirtschaftlichen Systems vorausgesetzt oder doch postuliert. Gleichwohl handelt es sich um ein durch vielfältige Spannungen gekennzeichnetes Verhältnis.

Es gehörte zum Programm der neukantischen nicht revolutionären Sozialisten in Deutschland und Österreich, die Marktwirtschaft, die man kapitalistisch nannte, mit Hilfe einer demokratisch legitimierten Systemtransformation in eine sozialistische Gemeinwirtschaft zu überführen[2]. Das Programm der Gemeinwirtschaft, das sich in der Bundesrepublik vor allem in den Kontroversen über die Mitbestimmung der Arbeitnehmer ausgewirkt hat, ist als solches obsolet geworden. Nicht obsolet geworden ist jedoch die grundlegende These, daß der demokratisch legitimierte Gesetzgeber in seinen Entscheidungen über die Gestalt der Wirtschaftsordnung möglichst frei sein sollte. Deshalb entstehen auch in einer Demokratie mit grundsätzlich marktwirtschaftlicher Ordnung aus demokratisch legitimierten Entscheidungen nachhaltige Konflikte mit den Prinzipien und Erfordernissen der Marktwirtschaft.

Um solchen Gefahren zu begegnen, werden dem politischen Einfluß entzogene Regelsysteme oder Institutionen eingerichtet und gefordert. In dem Bereich der Währung und des Geldes sind diese Konflikte besonders ausgeprägt. Friedrich von Hayek hat in der Verfügung des Staates über das Geldschöpfungsmonopol unabhängig von ihrer institutionellen Ausgestaltung im einzelnen die Quelle der Inflation und der wirtschaftspolitischen Mißbräuche des Staates gesehen. Er hat deshalb ein System von konkurrierenden Parallelwährungen vorgeschlagen. In dem sich daraus ergebenden Wettbewerb werde sich die stabilste Währung durchsetzen[3] Das Bundesverfassungsgericht, das dem Gedanken einer Wirtschaftsverfassung eher fernsteht, hat im Maastricht-Urteil vom 12. Oktober 1993[4] die Besonderheit einer unabhängigen Zentralbank wie folgt gekennzeichnet: »Die Verselbständigung der meisten Aufgaben der Währungspolitik bei einer unabhängigen Zentralbank löst staatliche Hoheitsgewalt aus unmittelbarer staatlicher oder supranationaler parlamentarischer Verantwortlichkeit, um das Währungswesen dem Zugriff von Interessentengruppen und der an einer Wiederwahl interessierten politischen Mandatsträger zu entziehen.«

Diese Modifikation des Demokratieprinzips im Dienst der Sicherung des in eine Währung gesetzten Einlösungsvertrauens sei vertretbar, weil es der in der deutschen Rechtsordnung erprobten und auch aus wissenschaftlicher Sicht bewährten Besonderheit Rechnung trage, daß eine unabhängige Zentralbank den Geldwert und damit die allgemeine ökonomische Grundlage für die staatliche Haushaltspolitik und für private Planungen und Dispositionen bei der Wahrnehmung wirtschaftlicher Freiheitsrechte eher sichere als Hoheitsorgane, die ihrerseits in ihren Handlungsmöglichkeiten und Handlungsmitteln wesentlich von Geldmenge und Geldwert abhängen und auf die kurzfristige Zustimmung politischer Kräfte angewiesen sind.

Andere institutionelle Vorkehrungen sollen den staatlichen Instanzen einen Spiegel vorhalten, um sie auf die mittelfristigen und langfristigen ordnungspolitischen Implikationen ihrer politischen Entscheidungen hinzuweisen. So wurde der durch das Stabilitäts- und Wachstumsgesetz gegründete Sachverständigenrat, wie es Oswald von Nell-Breuning formuliert hat, eingesetzt, um die Regierung daran zu erinnern, daß auch der Staat eine Mark nur einmal ausgeben kann. In diesem Zusammenhang gehört auch die grundsätzlich unabhängige Stellung des Bundeskartellamts und der Monopolkommission.

Es gehört zu den ungelösten Aufgaben der marktwirtschaftlichen Ordnung und der politischen Verfassung, den Staat auch in seiner Steuer- und Finanzpolitik an marktwirtschaftliche Ordnungsprinzipien zu binden.

Das Soziale in der Sozialen Marktwirtschaft

Weitgehende Übereinstimmung besteht darin, daß es zu den Aufgaben des Staates gehört, die Bürger vor den individuell nicht beherrschbaren Lebens- und Altersrisiken zu sichern. Die Soziale Marktwirtschaft soll dazu ihren Beitrag leisten. Verbreitet ist die Vorstellung, daß es darauf ankomme, die für Recht und Gerechtigkeit blinden Gesetze des Marktes und des Wettbewerbs mit der »sozialen Gerechtigkeit« zu vereinbaren. Unter den Skeptikern und selbst unter den Verächtern der Marktwirtschaft stellt sich dieses Verhältnis recht einfach dar: Es komme darauf an, das mit Hilfe des amoralischen Gewinnstrebens erwirtschaftete Sozialprodukt möglichst gerecht, das heißt möglichst gleichmäßig, zu verteilen.

Liest man die Reden, die Ludwig Erhard über die Marktwirtschaft, den Leistungswettbewerb und das Soziale in der Marktwirtschaft gehalten hat, so ergibt sich ein deutlich anderes Bild. Es ist daran zu erinnern, daß wir es 1948 mit einem vom Krieg zerstörten, einem wirtschaftlich und politisch darniederliegenden Land zu tun hatten. Die Idee und Vision von Ludwig Erhard bestand darin, die soziale Frage und die wirtschaftliche Frage zugleich zu lösen. Im Vordergrund stand das Ziel, Unternehmer und Unternehmen zum Neuanfang zu ermutigen, den Handwerkern und Unternehmern unter den Millionen Flüchtlingen aus dem Osten durch Gewerbefreiheit die Gründung einer neuen Existenz zu ermöglichen und die zerstörten Großindustrien zu neuer Produktivität zu führen. Damit verbunden war die Überzeugung, daß den einzelnen bei Vollbeschäftigung auch die Möglichkeit eröffnet werde, in Selbständigkeit Vorsorge für die Lebensrisiken zu treffen. Vorausgesetzt war dabei zwar eine Mindestsicherung durch die tradierten Systeme der sozialen Sicherheit, aber die Erwartung richtete sich auf den Vorrang der persönlichen Vorsorge und auf die Subsidiarität der Systeme kollektiver Sicherheit.

Die Entwicklung in der Bundesrepublik ist andere Wege gegangen. Die Marktwirtschaft entwickelte sich zur paritätisch korporativen Sozialen Marktwirtschaft und die Bundesrepublik zu einem Sozialstaat, der nicht nur Sicherheit vor Risiken, sondern Wohlstand auf hohem Niveau verheißt. Die Strukturen des Sozialstaates haben sich aus einer Gesetzgebung ergeben, die alle Versicherungspflichten an die Arbeitsverhältnisse anknüpfte. Die Leistungspflichten werden zwischen Arbeitgeber und Arbeitnehmer paritätisch aufgeteilt. Die Verwaltung dieses »gegliederten Versicherungssystems« liegt in den Händen paritätisch besetzter Anstalten und Körperschaften. Ihre Leistungen werden teils durch Beiträge, teils durch Staatszuschüsse finanziert. Dem entspricht die Freizügigkeit, mit der die Mittel für Zwecke verwendet werden, für welche die Zwangsbeiträge ursprünglich nicht bestimmt waren.

Die Folgen dieser Mischfinanzierung lassen sich an den Schlagworten der gegenwärtigen Diskussion über die Reform des dauernd überforderten Sozialsystems ablesen. Um den Abbau versicherungsfremder Leistungen geht es in der Rentenversicherung ebenso wie in der Arbeitslosenversicherung oder im Verhältnis der Krankenversicherungen zu den Rentenversicherungen. Der Wettbewerb, der sich in einem solchen System entfalten kann, hat mit dem Wettbewerb auf dem Markt für Güter und Leistungen kaum etwas zu tun. Zwangsorganisationen, die Kollektivgüter bereitstellen, unterscheiden sich grundsätzlich von solchen Organisationen, die durch Abwanderung und Widerspruch, also entweder über den Markt oder durch verbandsinterne Opposition, wirksam kontrolliert werden. In Verbindung mit der faktischen oder normativen Ausfallbürgschaft des Staates haben diese Organisationen eine nahezu unwiderstehliche Neigung, die eigenen Interessen zu Lasten Dritter, das heißt zu Lasten der Allgemeinheit zu verfolgen.

Die Optimierung der Organisationsinteressen braucht mit den Interessen der Mitglieder an niedrigen Beiträgen und effizienten Versicherungsleistungen nicht übereinzustimmen. Andererseits fehlen im Verhältnis der Organisation zu ihren Mitgliedern wie im Verhältnis der Mitglieder zueinander wirksame Sanktionen gegen die mißbräuchliche Inanspruchnahme von Leistungen, z. B. in der Krankenversicherung oder in der Arbeitslosenversicherung. Aus der Theorie der Gruppen wissen wir, daß die Solidarität eine um so geringere disziplinierende Wirkung hat, je größer die Gruppe ist. Selbst eine offenkundig mißbräuchliche Inanspruchnahme von Leistungen wird von den Mitversicherten häufig nicht mehr als Mißbrauch empfunden. Das in der kleinen Gruppe wirksame Prinzip der wahrgenommenen Gemeinsamkeit der Risiken und der Interessen hat seine kontrollierende Wirkung verloren. Als klug gilt, wem es im Vergleich zu den Mitversicherten gelingt, einen möglichst hohen Anteil an dem Kollektivgut zu erlangen.

Die Systeme kollektiver Sicherheit, die durch Beiträge der Mitglieder finanziert werden, lassen sich nach den Regeln beurteilen, die für treuhänderisch gebundenes Vermögen gelten. Der wichtigste Grundsatz besteht darin, daß das Aufkommen aus Beiträgen nur zu den durch Gesetz oder Satzung festgelegten Zwecken verwendet werden darf. Betrachtet man die Geschichte unserer Rentenversicherung unter diesem Gesichtspunkt, so fragt man sich, wie ein auf dem Beitragsprinzip beruhendes System gerechtfertigt werden kann, bei dem die sogenannten versicherungsfremden Leistungen eine so ausschlaggebende Rolle spielen. Ein Staat, der sich an seine Leistungsversprechen nicht halten kann, weil er Beiträge zu versicherungsfremden Zwecken verwendet hat, kann auch nicht mehr mit dem Verantwortungsgefühl seiner Bürger rechnen. Ein Sozialsystem, in dem der von Ludwig Erhard geforderte Vorrang der individuellen Vorsorge verwirklicht werden soll, fordert auch eine neue Glaubwürdigkeit der durch Zwangsbeiträge finanzierten Sicherungssysteme. Die Anwendung des Treuhandprinzips ist ein dafür notwendiger Schritt. Entscheidet man sich, wie es vielfach mit guten Gründen gefordert wird, für den schrittweisen Übergang von dem gegenwärtigen Umlageverfahren zu einem Kapitaldeckungsverfahren, dann wird die glaubwürdige, treuhänderische Bindung des akkumulierten Kapitals zur Grundlage des Gesamtsystems.

Internationalisierungen am Beispiel der Europäischen Gemeinschaften

Die Soziale Marktwirtschaft ist von Ludwig Erhard immer als eine offene Wirtschaftsordnung verstanden worden. Internationaler Freihandel und Konvertibilität der Währungen gehörten von Anfang an zu seinem Programm. Gleichwohl ist nicht zu verkennen, daß der Ordnungsrahmen der Marktwirtschaft ebenso wie das Sozialsystem zunächst national konzipiert wurden. Der grundlegende Wandel, der von der Globalisierung der Märkte erzwungen wird, läßt die Grundsätze dieser Politik gleichwohl nicht obsolet werden.

Der ordnungspolitische Rahmen

Ludwig Erhard war zunächst ein zögernder Europäer, weil er fürchtete, das Europa der Sechs könnte den größeren Markt nutzen, um eine »rationale Arbeitsteilung« durch grenzüberschreitende Kartelle hinter hohem Außenschutz zu betreiben. Trotz der Erweiterungen der Gemeinschaft um neue Mitgliedstaaten und der großen Fortschritte der wirtschaftlichen Integration wird man im Rückblick nicht sagen können, daß diese Sorgen unbegründet waren. Wichtiger ist in unserem Zusammenhang, daß die EG als eine Wirtschaftsgemeinschaft, die mit eigenen Institutionen und eigener Rechtsordnung ausgestattet ist, in der Konzeption mit der von Ludwig Erhard vertretenen Ordnungspolitik der Sozialen Marktwirtschaft weitgehend übereinstimmt. Die europäischen Verträge haben ihren Schwerpunkt in den Regeln, die Mitgliedstaaten und Unternehmen an das Ziel des gemeinsamen Marktes binden. Der gemeinsame Markt entsteht jedoch aus der unübersehbaren Vielfalt der bisher vor allem territorial getrennten Einzelmärkte. Dieser Schwerpunkt erklärt sich wirtschaftlich und wirtschaftspolitisch aus dem Erbe der Kriegswirtschaften und der Erinnerung an die industriellen Probleme Europas in der Vorkriegszeit. In Verhandlungen, die im Rahmen des Völkerbundes über die wirtschaftliche Einigung Europas geführt wurden, zielte man auf einen »Zollfrieden«, der mit territorialen und produktspezifischen kartellmäßigen Marktaufteilungen unter Kontrolle der Regierungen verbunden werden sollte, um so zu einem Machtgleichgewicht zu gelangen[5]. Erst auf diesem Hintergrund wird deutlich, wie wenig selbstverständlich es gewesen ist, daß in den Europäischen Verträgen die Prinzipien offener Märkte und unverfälschten Wettbewerbs normiert wurden[6].

Das Gebot offener Märkte richtet sich zuerst an die Mitgliedstaaten und begrenzt deren Hoheitsgewalt über den grenzüberschreitenden Wirtschaftsverkehr. Es wurde in den Europäischen Verträgen durch eine Zollunion verwirklicht. Die dadurch eröffneten Möglichkeiten des Wettbewerbs wurden aber nicht, wie in den Konzepten des Völkerbundes, der staatlich zu kontrollierenden Kartellierung überantwortet. Vielmehr soll auf den geöffneten Märkten unverfälschter Wettbewerb herrschen. Diesem Zweck dienen die Wettbewerbsregeln, die sich gegen Kartelle, den Mißbrauch beherrschender Stellungen und staatliche Beihilfen richten. In ihrer Bedeutung und in ihrem Anwendungsbereich gehen diese Wettbewerbsregeln über die mitgliedstaatlichen Normen gegen Wettbewerbsbeschränkungen erheblich hinaus. Ihre wichtigste Besonderheit besteht darin, daß sie auf dem öffentlichen Sektor insbesondere auf öffentliche Unternehmen und Unternehmen mit besonderen oder ausschließlichen Rechten in gleicher Weise anwendbar sind wie auf privatwirtschaftliche Unternehmen. Dem Zweck unverfälschten Wettbewerbs soll auch die Rechtsangleichung dienen, wenn rechtliche Unterschiede der Entwicklung des gemeinsamen Marktes entgegenstehen.

Die fortschreitende Ausgestaltung dieses hier nur angedeuteten Ordnungsrahmens durch die Gemeinschaftspolitiken und das Gemeinschaftsrecht, durch wiederholte Änderungen der Grundlagenverträge und durch den Beitritt neuer Mitgliedstaaten hat in vier Jahrzehnten zu einer grundlegenden Veränderung auch der Staatsaufgaben geführt. Dem Konzept der Ordnungspolitik hat diese Entwicklung neue Bedeutung verliehen. Den Europäischen Gemeinschaften fehlt bis heute eine volle demokratische Legitimation. Die wichtigsten Legitimationsprinzipien sind die schon im Vertrag von Rom normierten Rechte und Pflichten der Mitgliedstaaten und der Bürger in den Mitgliedstaaten. In der Gemeinschaftsverfassung überwiegen die auf offene Märkte und Wettbewerb gerichteten oder sie voraussetzenden Grundsätze. Die erwähnte Eigenart marktwirtschaftlicher Ordnungen, Geltung auch gegenüber dem demokratischen Staat zu beanspruchen und dessen Kompetenzen zu begrenzen, erweist sich in Gestalt der mit Vorrang vor dem Recht der Mitgliedstaaten geltenden Freiheitsgewährleistungen als eine der Grundlagen der Gemeinschaft. Entpolitisierungen, die auf nationaler Ebene häufig als undemokratisch oder als überholt liberal gescholten werden, sind ein notwendiges Mittel, um das Machtprinzip durch Rechtsregeln zurückzudrängen.

Institutionelle Grundlage der Währungsunion ist die im Vertrag von Maastricht vorgesehene Europäische Zentralbank. Sie soll in Parallele zur Bundesbank in voller Unabhängigkeit die Preisstabilität gewährleisten und dabei im Einklang mit dem Grundsatz einer offenen Marktwirtschaft mit freiem Wettbewerb handeln (Art. 105 EV). Damit wird dem von Walter Eucken geforderten Primat der Währungspolitik für die Wettbewerbsordnung Rechnung getragen[7]. Die Währungsunion wird so zur größten ordnungspolitischen Herausforderung für die Europäische Union und ihre Mitgliedstaaten. Sie ist der Prüfstein für die Bereitschaft der Mitgliedstaaten, auf geldpolitische Maßnahmen zur Bekämpfung gesamtwirtschaftlicher Ungleichgewichte zu verzichten und das von der Europäischen Zentralbank zu gewährleistende stabile Preisniveau in der eigenen Wirtschafts-, Finanz- und Sozialpolitik als Datum zu respektieren.

Staatsaufgaben bei offenen Märkten

Für die Mitgliedstaaten folgen im Binnenmarkt wesentliche Veränderungen daraus, daß sie ihre Wirtschaftspolitik im Ganzen an die Bedingungen offener Märkte anpassen müssen. Dies folgt einmal aus den gemeinschaftsrechtlichen Geboten und Verboten, die darauf gerichtet sind, einen Raum ohne Binnengrenzen zu schaffen, in dem der freie Verkehr von Waren, Personen, Dienstleistungen und Kapital gewährleistet ist. Diese gemeinschaftsrechtlichen Normen wirken sich trotz ihrer prinzipiell gleichmäßigen Geltung in den Mitgliedstaaten verschieden aus. Dies ist eine notwendige Folge der verschiedenen Unternehmens- und Marktstrukturen und der wirtschaftspolitischen Instrumente.

Daneben behalten jedoch die Hausaufgaben mitgliedstaatlicher Ordnungspolitik ihre eigenständige oder ergänzende Bedeutung. So werden die staatliche Wettbewerbspolitik und die staatlichen Normen gegen Wettbewerbsbeschränkungen nicht gegenstandslos, weil es gemeinsame, mit Vorrang geltende europäische Wettbewerbsregeln gibt. Der Wettbewerb, den die Wettbewerbsregen gewährleisten sollen, ist die Konkurrenz von Unternehmen, auch die von öffentlichen Unternehmen. Das entspricht der im mitgliedstaatlichen Recht stets vorausgesetzten und der auch ordnungstheoretisch begründeten Trennung der Verantwortung des Staates für den Ordnungsrahmen und der Verantwortung der Unternehmen für ihr Verhalten im Wettbewerb. Auch das Gemeinschaftsrecht scheint diese Trennung, insbesondere in den Vorschriften über die Rechtsangleichung vorauszusetzen. Rechtsunterschiede, die den Wettbewerb verfälschen, sollen harmonisiert werden, um unverfälschte, d. h. vergleichbare Wettbewerbsbedingungen zu schaffen. Diese klare Funktionsgliederung entspricht jedoch nicht mehr der

Realität des Binnenmarktes, seit der Zugang zu den mitgliedstaatlichen Märkten auch ohne vorhergehende Angleichung widersprechender staatlicher Regulierungen geöffnet werden kann. Diese Wirkung hatte die Anerkennung des Ursprungslandprinzips zunächst durch den Europäischen Gerichtshof und dann durch die Gemeinschaftsinstitutionen. Es besagt, daß Waren oder Dienstleistungen, die in einem Mitgliedstaat rechtmäßig in Verkehr gebracht bzw. erbracht werden dürfen, im gesamten Binnenmarkt verkehrsfähig sind. Das gilt jedenfalls vorbehaltlich »zwingender Erfordernisse des öffentlichen Interesses«.

Hier ist nicht auf das Für und Wider dieser Rechtsentwicklung im Gemeinschaftsrecht und im Verfassungsrecht der Mitgliedstaaten einzugehen. Hervorzuheben ist vielmehr die grundsätzliche Bedeutung, die dem Gegensatz von Harmonisierung und Systemwettbewerb auch über die Europäische Union hinaus zukommt. Der Blick wird damit auf einen Wettbewerb gerichtet, der staatliche Rechts- und Wirtschaftsordnungen erfaßt, weil diese mit entscheidend sind für die Handlungsfähigkeit ihrer Bürger und ihrer Unternehmen und die von ihnen bereitgestellten Güter und Leistungen. Voraussetzungen und Wirkungen dieses Systemwettbewerbs sind nur unvollkommen geklärt[8]. In ihm sind Elemente des ökonomischen und des politischen Wettbewerbs wirksam. Er erzwingt institutionellen Wandel, ohne daß generalisierbare Aussagen darüber möglich sind, ob seine Wirkungen zur optimalen Verwendung von Ressourcen führen, mit zwingenden, traditionell vom Staat definierten öffentlichen Interessen vereinbar sind oder die Gefahr ruinösen Wettbewerbs durch »race to the bottom« besteht. Diese Unsicherheiten zeigen, daß wir es mit einer neuen Herausforderung der Ordnungstheorie zu tun haben. Der Ausschluß oder die Beschränkung des Systemwettbewerbs sind schon deshalb keine Antwort, weil er sich in seinen wichtigsten Erscheinungsformen nicht beschränken läßt.

Zu weithin ungelösten Fragen führt die Internationalisierung des Wettbewerbs auf staatlicher Ebene besonders in der Sozialpolitik. Die Internationalität des Wettbewerbs um Investitionen, um die Ansiedlung von Unternehmen in neuen Wachstumsindustrien, um Kooperationen zwischen Industrie und angewandter Spitzenforschung hat eine Intensität erreicht, die zugleich eine neue Qualität des Systemwettbewerbs begründet. Gewiß wird unter den Schlagworten der Globalisierung und des Standortwettbewerbs vielfach Interessenpolitik betrieben. Unbestreitbar ist jedoch, daß die an den

Arbeitsplatz gebundenen Sozialsysteme, die dadurch Teil der Produktionskosten sind, in den internationalen Wettbewerb hineingezogen werden.

Damit sind Veränderungen verbunden, die gefestigte Vorstellungen über das Verhältnis von wirtschaftlichem Wettbewerb und sozialer Gerechtigkeit in Frage stellen. Die Verantwortung des Staates für die von den Einzelnen nicht beherrschbaren Lebensrisiken gewinnt eine neue Dimension. Die Aufgabe wird darin bestehen, die Systeme sozialer Sicherheit so umzugestalten, daß den Einzelnen neue Entscheidungsspielräume erschlossen werden, die sich auf seine Lebensplanung, die von ihm einzugehenden Lebensrisiken, insbesondere auf die Wahl zwischen selbständiger Tätigkeit oder Tätigkeit im Arbeitsverhältnis beziehen. Wir kehren damit zu einem Ausgangspunkt der Ordnungspolitik von Ludwig Erhard zurück. Im Unterschied zu 1948 haben wir es jetzt mit einer Gesellschaft zu tun, deren Wohlstand im Licht der deutschen Geschichte und im internationalen Vergleich trotz der Belastungen der Wiedervereinigung außerordentlich ist. Politisch werden die notwendigen Entscheidungen dadurch nicht einfacher, sondern schwieriger, weil allenthalben im Vorfeld möglicher Veränderungen um Besitzstände gekämpft wird.

Der Staat kann aber seine Verantwortung als Sozialstaat nicht mehr wahrnehmen, ohne in Rechnung zu stellen, daß das Sozialsystem ebenso über die Wettbewerbsfähigkeit entscheidet wie das Steuersystem, das Bildungssystem oder die Bedingungen für Forschung und Entwicklung. Neu zu bestimmen sind die Bedingungen, unter denen der Einzelne mit der Solidarität seiner Mitbürger rechnen kann.

Eine neue Kultur der Selbständigkeit, von der viel gesprochen wird, werden wir aber nicht dadurch erreichen, daß wir nach sozialistischem Vorbild im Steuerrecht zwischen dem unternehmerisch genutzten und dem privaten Vermögen unterscheiden. Der Weg besteht auch nicht darin, daß sich kleine Unternehmen mit nicht mehr als fünf oder zehn Beschäftigten auf Zeit außerhalb der Sozialversicherungssysteme bewegen dürfen oder die sozialversicherungsfreien Arbeitsverhältnisse abgeschafft werden. Es wird darauf ankommen, die Verkrustungen der korporativen Sozialwirtschaft aufzubrechen und durch eine marktwirtschaftliche Ordnungspolitik die grundrechtlichen Verheißungen selbständiger Berufswahl und Berufsausübung mit neuem Inhalt zu erfüllen.

Anmerkungen

1 Rede vom 24.3.1955 zur Begründung des Gesetzes gegen Wettbewerbsbeschränkungen, 2. Wahlperiode Deutscher Bundestag, 76. Sitzung, Stenographische Berichte, 4207.
2 Repräsentativ Vorländer, Kant und Marx, in: Sandkühler/De La Vega (Hg.), Marxismus und Ethik, Texte zum neukantischen Sozialismus, 1970, 338 ff.
3 Entnationalisierung des Geldes 1977.
4 BVerfGE 89, 155, 208.
5 Näher zur Geschichte: Mestmäcker, Offene Märkte im System unverfälschten Wettbewerbs in der Europäischen Wirtschaftsgemeinschaft, in: Coing/Kronstein/Mestmäcker (Hg.), Wirtschaftsordnung und Rechtsordnung, Festschrift zum 70. Geburtstag von Franz Böhm am 16.2.1965, 345, 348 f.
6 Grundlegend Regierungsausschuß, eingesetzt von der Konferenz von Messina, Bericht der Delegationsleiter an die Außenminister, Brüssel, 21.4.1956 »Spaakbericht«, besonders 57 ff., auch von der Groeben, Aufgaben der Wettbewerbspolitik im gemeinsamen Markt und in der Atlantischen Partnerschaft (1964), in: ders., Europa, Plan und Wirklichkeit, 1967, 177 ff.
7 Grundsätze der Wirtschaftspolitik, 6. durchgesehene Auflage, 1990, 256.
8 Grundlegend dazu: Manfred Streit, Systemwettbewerb im europäischen Integrationsprozeß, in: Immenga/Möschel/Reuter (Hg.), Festschrift für Ernst-Joachim Mestmäcker, 1996, 521–535.

Werner Abelshauser

Strukturprobleme der Sozialen Marktwirtschaft

Unter »Strukturproblemen« der Sozialen Marktwirtschaft kann man zum einen Sollbruchstellen in der Konzeption, Widersprüche in der reinen Lehre von der neoliberalen Wirtschaftsordnung, vielleicht auch Kompatibilitätsprobleme zwischen Theorie und Praxis verstehen. Den Wirtschaftshistoriker interessieren jedoch vor allem die reale Dimension der Anwendung der Politik der Sozialen Marktwirtschaft durch ihren ersten und authentischen Interpreten Ludwig Erhard.

Strukturprobleme der Sozialen Marktwirtschaft in diesem Sinne sehe ich auf drei Ebenen:

1) Sie nahm bewußt *»Lenkungslücken«* in Kauf, die die Bewältigung unvorhergesehener und drängender Aufgaben, aber auch die Handhabung konjunktureller Probleme schwierig gestalteten. Dies wurde besonders deutlich während der Koreakrise[1] beim Fehlschlag der Aufrüstung[2] und in der Bergbaukrise[3].

2) Im ersten Jahrzehnt ihrer Wirksamkeit belastete sie ein *soziales Defizit*, das ihren eigenen Anspruch auf soziale Gerechtigkeit diskreditierte. Beispielhaft dafür sind ihre Haltung zur Reform der Sozialversicherung[4] und die Entwicklung der Einkommens- und Vermögensverteilung.

3) Erhards *außenpolitische Fehlschläge* erwuchsen daraus, daß er die Prinzipien der Sozialen Marktwirtschaft, wie er sie verstand, zu den Richtlinien der auswärtigen Wirtschaftspolitik machen wollte. Zu seinen eklatanten Fehleinschätzungen der Möglichkeiten einer dogmatisch-neoliberalen Außenwirtschaftspolitik zählt die Europapolitik[5].

Die Aufzählung der Problemfelder ist bei weitem nicht vollständig. Noch weniger kann ich sie alle im Rahmen dieses Beitrags erschöpfend behandeln. Ich muß mich für jede Kategorie derart beschriebener Strukturprobleme mit einem Beispiel begnügen.

»Lenkungslücken«

Die Aufstellung der Bundeswehr und die materielle Bewältigung der Aufrüstung stellten die Soziale Marktwirtschaft der Bundesrepublik vor erhebliche Probleme, für deren Lösung es in der deutschen Militärgeschichte kein Vorbild gab und deren Besonderheiten sich der Bundesregierung erst allmählich erschlossen. Die westdeutsche Aufrüstung stellte auf diese Weise von Anfang an ein Schlachtfeld in der Auseinandersetzung um die in der Bundesrepublik praktizierte Wirtschaftsordnung dar. Schon die indirekte und vergleichsweise bescheidene Verwicklung des westdeutschen Staates in die Verteidigungswirtschaft der westlichen Welt während des Koreakrieges hatte den Wirtschaftsminister zu erheblichen und in subtiler Form langfristig wirksamen Modifikationen der ordnungspolitischen Realitäten gezwungen – auch wenn die Tatsache, daß Erhard die Krise überlebte, von den Hütern des Grals und der Erhardschen Reliquien später als Sieg gefeiert wurde. Die Wirtschaftsverbände gingen gestärkt aus der Krise hervor und nehmen seitdem Lenkungskompetenzen für sich in Anspruch, die der Staat zuvor demonstrativ zugunsten des Marktes aufgegeben hatte. Während der Interimsphase der Europäischen Verteidigungsgemeinschaft schien es den Verbänden sogar zu gelingen, hoheitliche Aufgaben im rüstungswirtschaftlichen Bereich zu übernehmen. Mit dem Scheitern der EVG bot sich Ludwig Erhard die Chance, dieses seiner Sozialen Marktwirtschaft fremde Ordnungselement wieder loszuwerden und das Beschaffungswesen zwar weitestgehend nach zivilen Maßstäben zu organisieren, die staatliche Hoheit in Gestalt der Prärogative des Bundeswirtschaftsministeriums aber wiederherzustellen. Diese grundsätzliche ordnungspolitische Dimension, die einen erbitterten Streit um die Einschaltung der rüstungswirtschaftlichen Organisation des BDI auslöste, machte eine pragmatische Kooperation zwischen Behörden und Verbänden in der Rüstungsfrage praktisch unmöglich und verhinderte damit auch die Inanspruchnahme des rüstungswirtschaftlichen Sachverstandes, der in den Arbeitsgruppen und -kreisen des BDI versammelt war. Erst als die Rüstungskonzeption der Ära Blank gescheitert war und sich der Wechsel in der Führungsspitze des Verteidigungsministeriums vollzogen hatte, setzte sich die Einsicht durch, daß ein Aufrüstungsprozeß dieser Größenordnung bei allem Respekt vor der grundsätzlichen Gültigkeit marktwirtschaftlicher Prinzipien doch spezifische Instrumente und Methoden erforderte, die in pragmatischer Abstimmung mit der Wirtschaft zu finden und anzuwenden waren. Dies führte Ende der fünfziger Jahre zur faktischen Aufhebung der »Leitsätze«, mit denen im November 1954 die Prärogative des Wirtschaftsministeriums in Rüstungsangelegenheiten festgeschrieben worden war und die in der Folgezeit maßgeblich dazu beigetragen hatte, daß ordnungspolitische Dogmen den praktischen Vollzug des Rüstungsprozesses nicht selten behinderten.

Man mag die Verzögerung, die die Lenkungslücke in der westdeutschen Rüstungspolitik beim Aufbau der Bundeswehr verursachte, aus heutiger Sicht nicht für eine Katastrophe halten. Die Rüstungsmilliarden wurden zum großen Teil für soziale Leistungen zweckentfremdet und dienten dem Machterhalt der Kanzlerpartei im Wahlkampf 1957. Das deutsche Unvermögen, eingegangene Natoverpflichtungen zu erfüllen, zog jedoch hartnäckige Forderungen nach Stationierungshilfe für britische und amerikanische Truppen auf deutschem Boden nach sich, die die internationalen politischen Beziehungen auf viele Jahre hinaus belasteten. Ironischerweise gehörte der Streit um den Stationierungsausgleich, das Offset-Abkommen mit den USA, 1966 zu den entscheidenden Anlässen für den Sturz des Bundeskanzlers Erhard[6].

Soziales Defizit

Das soziale Defizit, das die ersten Jahre der Sozialen Marktwirtschaft in Westdeutschland kennzeichnete, wurde bald ausgeglichen – freilich mit den klassischen Methoden der Sozialpolitik und gegen Erhardschen Widerstand. Soziale Marktwirtschaft ging in Westdeutschland erst in den sechziger Jahren jene Verbindung von neoliberaler Wirtschafts- und staatlicher Sozialpolitik ein, für die sie seitdem beispielhaft steht. In den 50er Jahren erhob Ludwig Erhards ordnungspolitischer Reformansatz vielmehr den Anspruch, die Faktorallokation und das Verteilungsproblem über die Wettbewerbspolitik zu regeln, weil so eine aus Monopolbildung und anderen Wettbewerbsverzerrungen resultierende Ungleichverteilung der Einkommen und Vermögen schon im Ansatz vermieden werden könne. Erhards Marktwirtschaft verdiente sich das Attribut »sozial« nur deshalb, weil sie im Gegensatz zum alten

Wirtschaftsliberalismus dem Staat eine neue, starke Rolle zuwies, nämlich die, den Wettbewerb zu garantieren. Darüber hinaus sollte er die Spielregeln der Marktwirtschaft auf das Gemeinwohl verpflichten und in der Praxis gegen Partikularinteressen durchsetzen. Idealiter hätte die klassische Sozialpolitik unter diesen Bedingungen völlig entbehrlich werden können. Erhard wollte Sozialpolitik über den Marktwettbewerb und über staatliche Ordnungspolitik treiben, nicht über den Interventionsstaat oder korporative Selbstverwaltung nach Art der Bismarckschen Sozialversicherung.

Es zeigte sich jedoch bald, daß unter der Ägide der Sozialen Marktwirtschaft auch die klassische Sozialpolitik weiter expandierte. Diese »Sozialpolitik wider Willen« (Gaston Rimlinger) korrelierte mit der wachsenden Unzulänglichkeit der Verteilung von Einkommen und Vermögen, wie sie der reale Marktmechanismus schuf. Vor allem das Produktivvermögen verteilte sich ungleichmäßig auf die Haushalte. Der Umfang des Sozialvermögens hingegen übertraf das Volumen der Vermögensbildung der privaten Haushalte bei weitem, und es war relativ gleichmäßig unter den Anspruchsberechtigten verteilt.

Dennoch stießen die Pläne zur Dynamisierung der Renten auf den erbitterten Widerstand des marktwirtschaftlichen Lagers. Erhard hielt die Reform für unvereinbar mit den Prinzipien der Sozialen Marktwirtschaft. Er fürchtete eine »seelenlos mechanisierte Gesellschaft«, an deren Ende der »soziale Untertan« stehen werde[7]. Die lohnbezogene Produktivitätsrente könne auch »konjunktur- und währungspolitisch nur so lange ungefährlich« sein, als von den Lohnbewegungen selbst keine währungs- und konjunkturpolitischen Störungen ausgingen. Eine zu enge Bindung an die Löhne mußte aber nach seiner Auffassung »notwendigerweise zu einer Verringerung des Widerstandes gegenüber objektiv überhöhten gewerkschaftlichen Forderungen bei Tarifverhandlungen« führen. Hier lag für ihn die »fast zerstörende Wirkung einer dynamischen Rente«[8].

Wirtschaftliche Faktoren spielten in der Debatte um die Rentenreform aber nicht die Hauptrolle. Ordnungspolitische und philosophische Werte wie Individualität, Würde, Solidarität oder Pflicht liefen kurz- und langfristigen, einzel- und volkswirtschaftlichen Rentabilitätsüberlegungen, aus denen sich der wirtschaftliche Wert der Sozialpolitik ergibt, eindeutig den Rang ab. Einer der prominentesten Vertreter der Sozialen Marktwirtschaft z. B., der Nationalökonom Wilhelm Röpke, sah in der »staatlich organisierten Massenfürsorge ... die Prothese einer durch Proletarismus verkrüppelten und durch Vermassung zerkrümelten Gesellschaft«[9]. Sozialpolitik wurde nicht als eine Teilfunktion des wirtschaftlichen Systems gesehen, sondern als Verteilungspolitik verstanden, die tief in die Ordnung der Gesellschaft eingriff. Dagegen war Widerstand Pflicht – auch wenn das eigene Modell in der Praxis versagte.

Die Entscheidung über die Rentenreform macht deutlich, wie Adenauers Pragmatismus und politischer Instinkt sich erfolgreich über Erhardsche Prinzipientreue hinwegsetzten. Gleichwohl gehörte auf mittlere Sicht auch die Soziale Marktwirtschaft zu den Gewinnern der Reform, gelang es ihr doch mühelos, deren Erfolg für sich zu reklamieren.

Außenpolitische Fehlschläge

Erhards Prinzipientreue brachte ihm auch in der Außenpolitik Niederlagen ein, weil sie ihn politikunfähig machte, ob sie nun in der Sache geboten schien oder nicht. Vor die europäische Gretchenfrage gestellt, folgte Erhard einer Vorstellung von wirtschaftlicher Integration, die »in Gestalt einer immer weiter fortschreitenden Liberalisierung des Waren-, Dienstleistungs- und Kapitalverkehrs, einem Abbau der Zölle sowie anderer protektionistischer Schranken, also OEEC-gemäß fortschreiten wird«. Aus dieser Perspektive mußte die »Integration« der Sechs tatsächlich »eine Insel der Desintegration in einer mittlerweile freier gewordenen Welt« werden[10], eine »Fassade ..., hinter der die alten Mißbräuche weitergehen würden«[11]. Für den Bundeswirtschaftsminister drohten die von Frankreich geforderten Privilegien die Probleme der übrigen Mitglieder in einer »kaum erträglichen Weise (zu) verschärfen«, so daß ihm der ganze Vertrag »unbillig und nicht annehmbar« erschien[12]. Deutschland werde durch die EWG, wie es Ludwig Erhard im September 1956 dem Bundeskanzler darlegte, in seiner Freizügigkeit gehemmt und in seinen lebenswichtigen Verbindungen zu den übrigen Weltmächten durch die drückende Ehe mit dem protektionistischen Frankreich gefährdet[13].

Das Auswärtige Amt und mit ihm der Bundeskanzler teilten diesen »wirtschaftlichen Welteroberungsplan des Bundeswirtschaftsministers« nicht. Es hielt Erhard vielmehr den Primat der

Politik entgegen, »weil ein derart ungestümer, weit auslaufender Vorstoß in den freien Raum einmal eine Grenze finden muß, sei es an einer Wirtschaftskrise oder sonstigen Erschütterungen«. Bestand habe nur, »was politisch organisiert ist«[14]. Angesichts der drohenden Blockade der wirtschaftlichen Integrationspolitik durch gegenseitige Forderungen und einseitige Schutzklauseln, auf denen die Experten ökonomischer Sachzwänge wegen beharrten, bestand das Auswärtige Amt nachdrücklich auf der Forderung, daß die europäische Wirtschaftsintegration »im gegenwärtigen Stadium noch in einer rein politischen Sphäre stehe und daher als Politikum betrachtet werden müsse«[15]. Zunächst konnten sich aber die Europapolitiker beider Länder gegen die Phalanx der jeweiligen Wirtschaftsexperten und Interessenten nicht durchsetzen.

Noch auf der Pariser Außenministerkonferenz im Oktober 1956 schienen die Gegensätze unüberwindlich. Das Kommuniqué kam nicht umhin, festzustellen, »daß ... doch gewisse Differenzen blieben, die eine Konsultation der einzelnen Regierungen notwendig machen«[16]. In der europäischen Öffentlichkeit galt die ›relance européenne‹ sogar weithin als gescheitert. Vor allem die Vertreter von Wirtschaft und Wirtschaftspolitik in Frankreich und Deutschland – allen voran Ludwig Erhard – standen einer ›kleineuropäischen‹ Lösung im Rahmen der sechs Montanunionstaaten skeptisch gegenüber.

Wirtschaftliche Motive (vor allem der Benelux-Länder) hatten den Plan einer westeuropäischen Wirtschaftsgemeinschaft zwar auf die Tagesordnung der europäischen Politik gebracht, für seine Umsetzung in konkrete Verträge waren sie aber nicht stark genug. Erst als die Doppelkrise von Suez und Budapest vor dem Hintergrund der Radford-Affäre, die das Verhältnis zu den USA belastete, ein deutliches Signal deutsch-französischer Gemeinsamkeit in der Europapolitik erforderlich machte und nach einem Rahmen für einen neuen Anlauf in der Rüstungskooperation gesucht wurde, mußten wirtschaftliche Bedenken zurücktreten und der großen Europapolitik Platz machen. Adenauer und Mollet setzten sich über die Einwände ihrer Experten souverän hinweg und nutzten den Plan einer Zollunion und Wirtschaftsgemeinschaft als Vehikel weitreichender europapolitischer Visionen, die nicht zuletzt auch die Rüstungskooperation einschlossen.

Erhard hatte sich der Richtlinienkompetenz des Bundeskanzlers zu beugen. Er scheiterte aber auch in dem Bemühen, die Vereinigten Staaten als Bündnispartner gegen das Projekt zu gewinnen, dessen protektionistische Zielsetzung, wie er meinte, auch deren Interessen zuwiderlaufen mußte. Es zeigte sich, daß die USA grundsätzliche ordnungspolitische Bedenken, wenn es sie denn gab, dem pragmatischen Ziel einer langfristigen Stabilisierung Westeuropas unterordneten.

Das grundsätzliche Problem, das die Umsetzung des Konzepts der Sozialen Marktwirtschaft in praktische Wirtschafts-, Sozial- und Außenpolitik so schwierig gestaltete, läßt sich wie folgt zusammenfassen: Der Lenkungsbedarf, den praktische Wirtschaftspolitik auch in freiheitlichen Wirtschaftssystemen entwickelt, wurde unterschätzt. Dieser Lenkungsbedarf resultiert aus der Raum- und Zeitgebundenheit des jeweiligen Handlungsrahmens (wie im Fall der Aufrüstung), aus der Pfadabhängigkeit der institutionellen Entwicklung (wie im Fall der Rentenreform) und aus den pragmatischen Zwängen, die jedes System des Interessenausgleichs auf die politisch Handelnden ausübt, seien sie nun innen- oder außenpolitisch wirksam. Demonstratives politisches Nicht-Handeln, mit dem die Protagonisten der Sozialen Marktwirtschaft nicht selten kokettierten, setzt eine politische Kultur voraus, die den wirtschaftspolitischen Instanzen weniger Verantwortung für den Ablauf kurz- und mittelfristiger wirtschaftlicher Prozesse zuweist, als dies in den fünfziger und sechziger Jahren der Fall war. Dies mag dazu beigetragen haben, daß Erhard als Kanzler schon relativ geringfügige Turbulenzen zum Verhängnis wurden und das Konzept der Sozialen Marktwirtschaft in der Ära Schiller mit neuem Inhalt gefüllt werden mußte, um populär zu bleiben.

Anmerkungen

1 Werner Abelshauser, Ansätze »korporativer Marktwirtschaft« in der Korea-Krise der frühen fünfziger Jahre. Ein Briefwechsel zwischen dem Hohen Kommissar John McCloy und Bundeskanzler Konrad Adenauer, in: VfZ 30/1982, S. 715–756.
2 Wirtschaft und Rüstung in den fünfziger Jahren (AWS 4/1, hrs. v. MGFA), München 1997.
3 Der Ruhrkohlenbergbau seit 1945. Wiederaufbau, Krise, Anpassung, München 1984, Kap. IV.
4 Erhard oder Bismarck? Richtungsentscheidung der deutschen Sozialpolitik am Beispiel der Reform der Sozialversicherung in den fünfziger Jahren, in: GG 22 (1996), S. 376–392.
5 Rüstung, Kap. II.

6 Hubert Zimmermann, Dollars, Pounds and Transatlantic Security: Conventional Troops and Monetary Policy in Germany's Relations to the United States and the United Kingdom 1955–1967, Dissertation, EUI Florenz 1997.
7 L. Erhard, Wohlstand für alle, Düsseldorf 1957, S. 260 u. 262.
8 Ebd., S. 269–272.
9 FAZ vom 25. 02. 1956, S. 5.
10 So wird Erhard wörtlich zitiert in einer Aufzeichnung des AA vom 4. 10. 1956 für die Kabinettssitzung betr. gemeinsamer Markt, AA, PA Büro StS, Bd. 12.
11 Erhard in der Treasury am 22. Februar 1956, PRO, FO 371/121975.
12 Zit. nach Aufzeichnung vom 4. 10. 1956, AA, PA Büro StS, Bd. 12.
13 Erhard an Adenauer am 25. 9. 1956, zit. nach Aufzeichnung vom 4. 10. 1956, ebd.
14 Aufzeichnung vom 4. 10. 1956, ebd.
15 Ebd.
16 Bulletin, S. 1902.

Christian Watrin

Rezeption der Sozialen Marktwirtschaft in Europa

»Auf der Suche nach neuen und höheren Formen zwischenstaatlicher Zusammenarbeit war es in einer Periode, die den Glauben an eine mögliche Regeneration freier, liberaler Verbindungen verloren hatte, naheliegend, Auswege bzw. neue Verfahren im Organisatorischen zu finden. Das Organisierenwollen ist ja schlechthin ein typischer Ausdruck unserer Zeit, und nicht nur auf dem Felde der Politik, sondern in allen gesellschaftswissenschaftlichen Bereichen ist man geneigt, in der Schaffung immer neuer Institutionen schon einen Fortschritt oder gar eine Lösung zu erblicken. Solche Versuche werden sich indessen immer deutlicher und immer schneller als eine Selbsttäuschung herausstellen müssen. Ich persönlich habe immer vor dieser Eingleisigkeit der Betrachtung des Verfahrens gewarnt und darauf hingewiesen, daß man eine ›Ordnung‹ nicht organisieren und managen könne, sondern daß man sie ›im System‹ setzen müsse ...«

Ludwig Erhard, Gedanken zum Problem der Kooperation oder der Integration. Private Studie vom 9. November 1953

Leitbild einer freien Weltwirtschaft

Das Programm der Sozialen Marktwirtschaft hat nicht nur einen binnen-, sondern auch einen »außenwirtschaftlichen« Aspekt oder, wie vielleicht besser gesagt werden sollte, eine europäische und eine internationale Dimension. Zwar begann die Umsetzung der Ideen der Sozialen Marktwirtschaft 1948 unter den Bedingungen einer fast vollständigen Autarkie der damaligen Westzone. Aber das sollte sich unter Erhard bald ändern. Denn für ihn hatte die wirtschaftliche Wiedereingliederung der Bundesrepublik in die

Gemeinschaft der freien Völker Priorität. Diese Einstellung ist nicht nur Ausfluß seiner persönlichen Überzeugungen als liberaler politischer Ökonom, der nicht zögerte, die Freigabe zahlreicher Binnenpreise 1948 in dem Augenblick vorzunehmen, in dem sich politisch eine günstige Gelegenheit bot. Die freihändlerische Grundorientierung zur übrigen Welt ist zugleich auch ein zentraler Bestandteil des Programms der Sozialen Marktwirtschaft, so wie es von A. Müller-Armack, W. Röpke, A. Rüstow, W. Eucken und vielen anderen entwickelt wurde. Das Sachargument für eine Öffnung nach außen liegt für Ökonomen klassisch-neoklassischer Prägung auf der Hand. Die Vorteile der gesellschaftlichen Arbeitsteilung enden nicht an den mehr oder minder historisch zufälligen nationalen Grenzen. Sie erstrecken sich auch nicht auf schwer zu definierenden »optimalen Großwirtschaftsräume«, wie man in den dreißiger Jahren glaubte. Sie werden vielmehr erst dann voll ausgeschöpft, wenn der Weltmarkt der relevante Markt ist.

Das moderne Schlagwort von der Globalisierung der Wirtschaftsbeziehungen will diese Vorstellung auf den Begriff bringen. Es wiederholt aber nur einen Gedanken, den schon die Nationalökonomie Adam Smiths mit aller Klarheit entwickelt hat, nämlich die allgemeine Vorteilhaftigkeit einer weltweiten gesellschaftlichen Arbeitsteilung. Von hier aus gesehen liefert nicht der nationale, sondern der weltwirtschaftliche Standpunkt die richtige Ebene für die Beurteilung von Gemeinwohlfragen.

In dieser von der klassischen politischen Ökonomie geschaffenen Gedankenwelt stand Ludwig Erhard. Sein Handeln läßt sich verstehen als Versuch, die Grundsätze dieser Richtung in der praktischen Politik zu respektieren und, wo immer sich eine Gelegenheit bot, auch zu verwirklichen. Daß Erhard, wie jeder politisch Handelnde, neben großen Erfolgen auch schwere Niederlagen erlitt, ist eine Begleiterscheinung der Machtkämpfe, die zu jeder politischen Auseinandersetzung gehören, und sollte ihm nicht als Schwäche oder Versagen angelastet werden. Ebensowenig wäre es angebracht, aus seiner Orientierung an wirtschaftspolitischen Prinzipien den Schluß zu ziehen, er sei »politikunfähig« gewesen. Im Gegenteil, Erhard war ein Überzeugungspolitiker, und er hat mit seiner Politik glänzende Wahlsiege errungen.

Marktwirtschaftlich orientierte Ökonomen, die das Programm einer Sozialen Marktwirtschaft vertreten, sind also in Fragen der Integration einer Wirtschaft auf Gedeih und Verderb darauf verwiesen, sich für die weltweite Öffnung der Märkte, die Bekämpfung des Protektionismus auf Schritt und Tritt und für die Verwirklichung uneingeschränkter Konvertibilität einzusetzen. Ein solcher kosmopolitisch eingestellter Ökonom war Ludwig Erhard. Er verdient Respekt für die Konsequenz, mit der er seine Position in einem Umfeld vertreten hat, das eher politisch im Sinne des Machtgewinns und -erhalts dachte und der europäischen Integration in Form der Integration der Sechs den Vorrang einräumte.

Ludwig Erhard mußte, wenn er seinen eigenen Überzeugungen und gleichzeitig den Grundideen des Programms der Sozialen Marktwirtschaft treu bleiben wollte, daher nahezu zwangsläufig mit dem kleineuropäischen Integrationsprojekt der Sechs in Konflikt geraten. Er ist dieser Auseinandersetzung nicht ausgewichen, aber er ist nie soweit gegangen, daß er die europäischen Vertragswerke seiner Zeit, die Europäische Gemeinschaft für Kohle und Stahl (EGKS 1952), die Europäische Wirtschaftsgemeinschaft (EWG 1958, jetzt EU) und die Europäische Atomgemeinschaft (EURATOM 1958) gefährdet hätte. Er hat in der europäischen Getreidepreisfrage (1963), in der die politisch-bürokratische Preisfestsetzung im Rahmen der ökonomisch höchst problematischen EG-Agrarmarktordnung französischerseits zu einer Frage von Fortbestehen oder Auflösung der Gemeinschaft hochstilisiert worden war, alles getan, um die EWG nicht scheitern zu lassen (1964, 902). Nicht anders war seine Haltung, als auf der politischen Ebene die Entscheidung für die Schaffung der EWG gefallen war. Er hat sie loyal geachtet, gleichzeitig jedoch mit großem Geschick über seinen Staatssekretär Müller-Armack dafür Sorge getragen, daß die EWG nach innen eine freiheitliche Verfassung erhielt. Vor allem die Wettbewerbs- und die Antisubventionsartikel sind hier zu nennen. Dennoch lassen sich mindestens sieben Felder ausmachen, in denen Erhard und die von ihm gestaltete Wirtschaftspolitik mit einer engen Europaorientierung kollidierten oder in ein Spannungsverhältnis zu ihr gerieten.

1. Handelsliberalisierung und Konvertibilität der D-Mark

Der erste Aspekt ist die bereits erwähnte Wiedereingliederung der Bundesrepublik in jenen Teil der Welt, der nach dem Zweiten Weltkrieg als freie oder westliche Welt übriggeblieben war. In dieser

Hinsicht war Erhard, wie W. Guth treffend bemerkt, lange bevor das Adjektiv »global« populär wurde, ein global denkender und handelnder Politiker. Seine Sorge galt daher schon früh der Liberalisierung, d. h. der handelspolitischen Abrüstung bei Zöllen, Kontingenten und administrativen Handelshemmnissen.
Er wußte als Volkswirt sehr wohl, mit welchen Kosten die Mehrzahl der Bürger belastet wird, wenn »politische Politiker« Branchen, Unternehmen oder Interessengruppen Privilegien gewähren, etwa durch Subventionen, Wettbewerbsausnahmen oder andere Begünstigungen, über die moderne Staaten in so reichem Maße verfügen. Wie vor allem die neuere ökonomische Theorie und zahlreiche empirische Untersuchungen zeigen, überschreiten die volkswirtschaftlichen Kosten einer Privilegienpolitik oft genug deren Nutzen um ein Mehrfaches.
Möglicherweise sah Erhard aber auch in der sich bei uns schon früh etablierenden Parteiendemokratie eine Fehlentwicklung der demokratischen Ordnung. Was aber die internationale Integration der Staaten anging, so war für ihn neben dem Internationalen Währungsfonds das in seinen Grundzügen freihändlerisch ausgerichtete Allgemeine Zoll- und Handelsabkommen (GATT) die Bühne, auf der weltwirtschaftliche Fortschritte erzielt werden mußten. Er war auch in späten Jahren z. B. stolz darauf, daß es ihm gegen starke politische Widerstände gelungen war, bei den deutschen Industriezöllen eine einseitige Zollsenkung von 45 % durchzusetzen, also das geheiligte Prinzip aller internationalen Handelskonferenzen des do ut des zu durchbrechen. Ökonomisch konnte er sich darauf stützen, daß unilateraler Zollabbau nicht nur die gesellschaftliche Wohlfahrt der Welt, sondern auch die des zollsenkenden Landes verbessert.

Jede Handelsliberalisierung bleibt jedoch Stückwerk, wenn sie nicht mit der Abschaffung der Devisenzwangswirtschaft und der Erringung der freien Konvertibilität der Währungen einhergeht. Hier gelang es Erhard – fast gleichzeitig mit der Schweiz, dem ersten europäischen Land, das 1958 zur vollen Konvertibilität überging – in rund zehnjährigen Anstrengungen, sein Ziel zu erreichen. Er leistete damit einen wichtigen Beitrag dazu, daß die D-Mark schon früh eine harte Währung werden konnte – mit allen Vorteilen, die das für die westdeutsche Bevölkerung hatte.

2. Marktintegration versus institutionelle Integration

Die europäischen Bemühungen zur wirtschaftlichen Integration nahmen erstmals 1950 mit der Vorstellung des Schuman-Plans zur Verschmelzung der Märkte für Kohle, Eisen und Stahl konkrete Gestalt an. Sie erfolgte aus Erhards Sicht zu einem Zeitpunkt, an dem grundlegende ordnungspolitische Weichenstellungen in Richtung der weltwirtschaftlichen Integration auf den Weg zu bringen waren. Von hier aus ergibt sich jene Doppelgleisigkeit, die die gesamte spätere Außenwirtschaftspolitik prägte, und zwar der Versuch, europäische und weltweite Integration gleichzeitig zu betreiben.

Es ist nicht ohne Interesse, Erhards damalige Position festzuhalten. Vor dem Hintergrund der Unterscheidung zwischen institutioneller oder Politikintegration auf der einen und funktioneller oder Marktintegration auf der anderen Seite spricht er sich eindeutig für die Marktintegration in der EWG aus (1954, 421). Von der Delegation nationaler Souveränitätsrechte auf die supranationale Ebene und der Betrauung der Hohen Behörde der EGKS mit der Wahrnehmung zahlreicher Eingriffsrechte in die Märkte hält Erhard wenig. Er ist zwar bereit, der Außenpolitik den Vortritt zu lassen, meint aber zu Recht, daß falsche wirtschaftspolitische Maßnahmen auch den Erfolg der mit ihr verbundenen Außenpolitik in Frage stellen. 1954 weist er darauf hin, daß andere, supranational gedachte Konstruktionen wie die Europäische Verteidigungsgemeinschaft und die Europäische Politische Gemeinschaft gescheitert sind. Er spricht sich deswegen für ein anderes Vorgehen bei der Integration aus. In heutiger Terminologie kann es als verfassungsökonomisch, in der älteren Sprache als ordnungspolitisch bezeichnet werden.

Erhard plädiert für den Vorrang der »Marktintegration«. Sie beruht auf rechtlicher Rahmensetzung, bedarf also eines zwischenstaatlichen Vertrages, in dem sich die teilnehmenden Staaten an Regeln binden, die sie einzuhalten gewillt sind. Dieser Vertrag kann formal oder bloß implizit zustandekommen. Das Paradebeispiel für letzteres ist für Erhard die Goldwährung. Er kommentiert sie dahingehend, daß es »innerhalb dieses Systems keine irgendwie geartete Befehlsgewalt gegeben hat, um die einzelnen Volkswirtschaften und Staaten zu einer bestimmten Ordnung, zu dem einer gleichgewichtigen Volkswirtschaft angemessenen Verhalten zu zwingen«. »Dieses Verhalten«, so fährt er fort, »wurde eben durch die Ordnung des Systems an sich, d. h. also in anonymer Weise erreicht«. »Ich möchte glauben«, so heißt es abschließend, »daß diese Art von funktioneller Integration, die gemeinsame Spielregeln setzt und mit deren notwendiger Befolgung eine gewollte Wirkung erzielt, uns wahrscheinlich rascher weiterhilft, die Sentiments und Ressentiments auf der nationalen Ebene zu überwinden und uns zu einer Einheit, einem gemeinsamen Ziel und zu einem gemeinsamen Erfolg hinzuführen« (1954, 422).

Erhards Einstellung ist also regelorientiert und nicht politikorientiert. Er tritt für eine weltweite Gesellschaft freier Menschen ein. Damit befindet er sich im Einklang mit Grundaussagen der Sozialen Marktwirtschaft.

3. Gesamteuropäische versus kleineuropäische Integration

Erhards Europakonzeption ist nicht nahtlos kompatibel mit der Europakonzeption seiner Zeit. Spätestens mit der Gründung der EWG im Jahre 1958 wird der Begriff »Europa« nahezu ausschließlich für das Integrationsprojekt der Sechs reklamiert. Erhard seinerseits wird nicht müde, immer wieder zu betonen, daß das freie Europa, also das nicht durch kommunistische Parteien kontrollierte Europa, damals insgesamt achtzehn Staaten umfaßte. Dazu gehören für ihn neben den Sechs einmal die 1960 sich in der EFTA in Reaktion auf die EWG zusammenschließenden Länder, und zwar Großbritannien, die Schweiz, Österreich, Schweden, Norwegen, Dänemark und Portugal sowie die fünf von ihm als europäische Entwicklungsländer bezeichneten Staaten, und zwar Griechenland, Spanien, Irland, Island und die Türkei (1959, 587). Für möglichst alle genannten Länder schwebt ihm eine große europäische Freihandelszone vor (1957, 486 ff.). Da diese nicht zustande kommt und bloß die EFTA als kleine Freihandelszone gegründet wird, gilt seine Sorge vor allem dem Vermeiden einer handelspolitischen Spaltung Europas. Aus alledem läßt sich die Vermutung ableiten, daß Erhard heute wahrscheinlich einer der nachhaltigen Befürworter einer Erweiterung der EG um weitere zehn bis vielleicht fünfzehn europäische Staaten wäre.

4. Europäische Gemeinschaft und Drittländer

Erhards stärkster Vorbehalt gegen regionale Handelsblöcke geht dahin, daß jene Gefahr laufen, sich gegen Drittländer abzuschließen. Die nach innen gewonnene Freiheit des Handels und der Mobilität der Produktionsfaktoren sowie die daraus resultierenden Vorteile vertiefter gesellschaftlicher Arbeitsteilung können durch eine gemeinsame protektionistische Politik des Handelsblocks wieder zunichte gemacht werden.

Erhard bedient sich hier des in der Zollunionstheorie entwickelten Einwandes gegen regional begrenzte Wirtschaftsunionen, nach dem diese zu Handelsverlagerungen in dem Sinne führen können, daß Produktionen von den besseren zu den weniger guten Standorten abwandern. Folglich geht Erhards beständige Mahnung dahin, daß die EG der Versuchung widerstehen müsse, ein sich abschließender Handelsraum zu werden. Wirksame Mittel zur Vermeidung einer solchen Entwicklung sieht er in der Einbindung der EWG in das GATT und in der Teilnahme an weltweiten Zollsenkungsrunden. Parallel dazu verlaufen für ihn die währungspolitischen Fragen, die damals noch gänzlich in nationaler Obhut waren und in der Bretton-Woods-Periode im Internationalen Währungsfonds zusammenflossen.

Aus der Sicht der Bundesrepublik entsprachen die Erhardschen Befürchtungen vor handelsabschließenden Effekten der EWG durchaus auch der in der Bundesrepublik bestehenden Interessenlage. Sie war dadurch gekennzeichnet, daß über die Hälfte des deutschen Außenhandels mit der übrigen Welt abgewickelt wurde. Die deutsche Handelsstruktur hat sich zwar in der Folgezeit in Richtung auf die EG verschoben. In neuerer Zeit wandelt sie sich jedoch wieder hin zur übrigen Welt. Es ist daher einzuräumen, daß Erhard schon in der Hochzeit der Europa-Euphorie – und erst recht der späteren Binnenmarkt-Rhetorik – ein gutes Gespür für die wirtschaftlichen Interessen seines Landes an den Tag gelegt hat.

5. Debatte um die »Soziale Harmonisierung«

In Erhards Zeit als Bundesminister spielte – ähnlich wie heute – die Harmonisierungsidee ein zentrale Rolle. Viele Verfechter des Gemeinsamen Marktes, besonders in Frankreich, vertraten die Ansicht, daß für einen funktionierenden europäischen Markt neben der Rechtsangleichung auch die Angleichung einzelner Kostenbestandteile, wie sie sich beispielsweise aus den unterschiedlichen sozialen Sicherungssystemen ergaben, zwingend erforderlich sei. Ohne »Soziale Harmonisierung« sei, so wurde behauptet, eine erfolgreiche wirtschaftliche Kooperation der Sechs nicht möglich.

Erhard wandte sich schon früh (1955, 445) mit Nachdruck gegen diese Ansicht. Er wies darauf hin, daß der wirtschaftliche Austausch auf der Ausnutzung von Kostenunterschieden beruhe und daß eine Harmonisierung zu einer überflüssigen und sachlich nicht gebotenen Zentralisierung politischer Macht auf der supranationalen Ebene führen werde, mit allen unerbetenen Folgen wie wachsenden Bürokratien, die ihrerseits wieder eine Gefahr für die Vielfalt Europas darstellten.

6. Europäische Wirtschaftsgemeinschaft als Schrittmacher einer Politischen Union?

Zum festen Bestandteil der Überzeugungen derjenigen, die die europäische wirtschaftliche Integration unter politischen Aspekten sehen, gehört die These, daß die wirtschaftliche Integration gleichzeitig die politische Vereinigung der EG-Staaten fördere, also gewissermaßen ihr Schrittmacher sei. Im Lichte dieser Auffassung wird versucht, vielen Maßnahmen, die aus ökonomischer Sicht problematisch sind, einen anderen Stellenwert zuzumessen. Ein Beispiel ist die europäische Agrarpolitik. Sie widerspricht mit ihren Preisinterventionen und ihrer bürokratischen Mengensteuerung völlig dem Leitbild einer Sozialen Marktwirtschaft. Gleichwohl galt sie in der Phase ihres Zustandekommens als eine entscheidende Klammer dafür, den europäischen Zusammenschluß politisch irreversibel zu machen. Aus der Perspektive der liberalen politischen Ökonomie ist sie jedoch gänzlich inakzeptabel. Ihr galt daher die Kritik (1964, 903). Im nachhinein läßt sich sagen, daß die EG-Agrarpolitik, die im wesentlichen von der Europäischen Kommission zu verantworten ist, weder die europäische Integration noch den politische Zusammenschluß gefördert hat. Im Gegenteil, es gab in den achtziger Jahren Phasen, in denen sie zum Sprengsatz der Gemeinschaft zu werden drohte. Für Erhard rückten die politischen Ziele der EG in den Vordergrund seines Interesses, als er

Der Spiegel, Ausgabe vom 5. Februar 1949

Bundeskanzler wurde. Er glaubte nicht an die Schrittmacherfunktion der Wirtschaftsgemeinschaft. Es war daher konsequent, daß er Vorschläge für eine europäische Verteidigungsgemeinschaft und eine politische Union auf den europäischen Verhandlungstisch legte. Die übrigen fünf Mitgliedstaaten folgten seinen Vorstellungen nicht.

7. Planification oder marktwirtschaftliche Ordnung in Europa?

Die wichtigste ordnungspolitische Bewährungsprobe stand Erhard ins Haus, als die Kommission Anfang der sechziger Jahre Vorschläge für die Einführung der Planification (oder volkswirtschaftlichen Programmierung) nach französischem Vorbild vorlegte. Damit wurden wichtige Teile der Römischen Verträge von 1957 in Frage gestellt. Mit diesen konnte Erhard größtenteils zufrieden sein, entsprachen doch die vom Standpunkt der Sozialen Marktwirtschaft aus wichtigen Wettbewerbskapitel (Art. 85 EWGV) weitgehend Erhards ordnungspolitischen Vorstellungen und den von den Ordo-Liberalen vorgetragenen Überlegungen gegen Marktschließungen, Kartellpreisabsprachen und Diskriminierungen unliebsamer Wettbewerber. Die EWG war – zumindest in der deutschen Interpretation des Vertrages – als die Begründung eines Gemeinsamen Marktes und nicht als ein gemeinsames Wirtschaftslenkungssystem verfaßt.

Zum Zeitpunkt der Kommissionsvorschläge lagen die schweren politischen Auseinandersetzungen um das 1957 vom Deutschen Bundestag verabschiedete Gesetz gegen Wettbewerbsbeschränkungen hinter Erhard. Er war damals konsequent für ein Kartellverbot eingetreten, konnte sich jedoch nur teilweise durchsetzen, da Bundeskanzler Adenauer in seiner berühmt-berüchtigten Gürzenich-Rede ihm in den Rücken gefallen war und ihn damit politisch geschwächt hatte.

Die Vorstellung einer Überlagerung des marktwirtschaftlichen Spiels von Angebot und Nachfrage durch eine volkswirtschaftliche Programmierung war Anfang der sechziger Jahre äußerst populär. Auch viele akademische Ökonomen glaubten, daß es möglich sei, den volkswirtschaftlichen Produktionsprozeß so zu steuern, daß er auf die Erfüllung politisch vorgegebener Ziele ausgerichtet werden könne. In der späteren deutschen Variante der Globalsteuerung wurden die volkswirtschaftlichen Ziele lediglich auf makroökonomische Größen wie Beschäftigung, außenwirtschaftliches Gleichgewicht, Wachstumsrate und Geldwertstabilität bezogen. Die stärker französisch inspirierte Variante umfaßte auch einzelne Branchen. Sie sollten in der Tradition des merkantilistischen Denkens amtlich bestimmte mengenmäßige Ziele verfolgen, und zwar nicht über die direkte Mengenplanung nach sozialistischem Muster, sondern über eine indirekte Steuerung mittels des Bankenapparates und eine mit ihm verbundene staatliche Investitionslenkung.

Erhard und sein Staatssekretär Müller-Armack wandten sich mit Elan gegen die Planificationsprojekte (1962, 770 ff. und 1963, 841). Beider Argument war ein typisch marktwirtschaftliches: die Nichtprognostizierbarkeit wirtschaftlicher Abläufe. Später hat Hayek diese Argumente verfeinert durch seine Theorie des konstitutionellen Nichtwissens, die gleichzeitig ein Argument für die Vorteile einer marktlichen Koordinierung der individuellen Wirtschaftspläne liefert. Volkswirtschaftspläne, so Erhard, seien – gleichgültig, ob sie imperativen oder bloß persuasiven Charakter hätten – nie erfüllt worden und würden es auch nicht. Damit griff er, wenn auch möglicherweise unbeabsichtigt, auf Adam Smiths berühmtes Gleichnis des Schachspiels zurück. Danach ist die Marktwirtschaft kein Schachspiel, in dem die Wirtschaftsbürger bloße Figuren sind, die von der lenkenden Hand der Politiker/Schachspieler geführt werden. Jeder einzelne Wirtschaftsbürger verfolgt vielmehr seine Ziele unter den jeweils gegebenen Restriktionen. Die Marktwirtschaft erweist sich somit als nicht steuerbar im Sinne quantitativer politischer Vorgaben. Mit anderen Worten, ihr Regelsystem entspricht dem der Straßenverkehrsordnung, die jedem zwar die Einhaltung bestimmter Regeln auferlegt, aber niemandem das Fahrziel vorschreibt.

Um die Ideen der volkswirtschaftlichen Programmierung ist es mittlerweile still geworden, nicht zuletzt, weil sich auch die französische Variante als ein Fehlschlag erwies. In Deutschland fristen die Programmierungsideen noch ein Schattendasein im Stabilitäts- und Wachstumsgesetz, das die Bundesregierung u. a. verpflichtet, alljährlich Projektionen über die künftige Entwicklung des Wirtschaftsprozesses und ihre eigenen politischen Absichten aufzustellen. Als Prognosen sind diese Projektionen wenig zuverlässig, als Ziele werden sie selten erreicht.

Eine Schlußbemerkung: Marktwirtschaft, Interventionismus und Globalisierung

Ein Symposion anläßlich des 100. Geburtstages einer großen Persönlichkeit ist ein willkommener Anlaß, deren Publikationen und Ansichten wieder Revue passieren zu lassen. Meine Darstellung der Rezeption der Sozialen Marktwirtschaft in Europa folgte deswegen nicht ohne Absicht den Weichenstellungen Erhards. Das mag stellenweise Programm und Person so sehr miteinander verschränkt haben, daß es schwierig war, beides zu trennen.

Was aber dachte Erhard selbst nach dem Ausscheiden aus der Politik über die Fortführung seines Lebenswerkes? Er war tief pessimistisch und äußerte sich 1974 dahingehend, daß ein zügelloser Interventionismus und utopischer Machbarkeitsglaube seine Ideen von den Regeln menschlichen Zusammenlebens im Bereich der Befriedigung von Alltagsbedürfnissen verdrängt habe.

War Erhard aus heutiger Sicht zu pessimistisch? Er hat möglicherweise die Wirkungen der von ihm mit so viel Erfolg eingeleiteten Öffnung zum Weltmarkt unterschätzt. Heute ist die weltwirtschaftliche Verflechtung so groß, daß es kaum noch anspruchsvolle Produkte gibt, deren Komponenten nicht teilweise aus fremden Ländern stammen. So gesehen, ist unsere Warenwelt heute multinational. Außerdem sind in den letzten zwanzig Jahren internationale Finanzmärkte entstanden, die rund um die Uhr arbeiten und die in vieler Hinsicht die Funktion der von Erhard so geschätzten Goldwährung übernommen haben. Ihre Sanktionen entspringen nicht der Befehlsgewalt einer internationalen Behörde. Sie werden auch nicht durch die sprichwörtlichen »Zwerge von Zürich« oder andere »Geheimbünde« gesteuert. Aber ihre Regeln zwingen die Nationalstaaten, so sie internationales Kapital attrahieren wollen, in einem Maße zum Verhalten nach den Regeln ökonomischer Vernunft, das Erhard noch nicht erahnen konnte. So gesehen, haben die Regeln der Marktwirtschaft, nicht unbedingt der Sozialen Marktwirtschaft, in unseren Tagen ein Gewicht bekommen, das weit über Europa hinaus reicht. Die Lebenserfahrung lehrt jedoch, daß dies Rückfälle in neue Formen des regionalen Protektionismus und Interventionismus und das Wiederauftauchen merkantilistischer Strömungen in neuen Gewändern keineswegs ausschließt.

Quellenhinweis

Die im Text in Klammer gegebenen Hinweise entstammen dem Buch »Ludwig Erhard. Gedanken aus fünf Jahrzehnten: Reden und Schriften. Hrsg. von Karl Hohmann. Düsseldorf; Wien; New York: ECON Verl., 1988«. Die Jahreszahlen beziehen sich auf die Erstveröffentlichung der jeweiligen Rede bzw. Schrift Ludwig Erhards. Die Seitenzahlen sind dem genannten Buch entnommen.

Diskussion der Beiträge

Walter Kannengießer
Die praktische Umsetzung der Idee einer Sozialen Marktwirtschaft orientierte sich mehr an Alfred Müller-Armack als an Ludwig Erhard. Ludwig Erhard war eher bereit, die soziale Komponente zu begrenzen. Sah Ludwig Erhard den Primat der Politik gegenüber der Wirtschaft?

Werner Abelshauser
Erhard war Anhänger eines starken Staates. Jeder Soziale Marktwirtschaftler muß dies sein, muß den Primat des Staates über die Wirtschaft etablieren, um Wettbewerb zu garantieren.
Der Anspruch der Protagonisten der Sozialen Marktwirtschaft, soziale Gerechtigkeit und vor allem die Sicherung des Lebensabends für ältere Menschen zu garantieren, ist für die fünfziger Jahre nicht realisiert worden. 1957 bedeutete Alter Armut. Daher war es notwendig, eine andere Lösung zu finden als die, auf die Erhard setzte. Es war auch keine Zeit, darauf zu warten, daß der Markt diese Verhältnisse schaffe. Politisches Handeln ist raum- und zeitgebunden. Unter diesen Prämissen zu handeln, fiel Erhard schwer.
Heute stellt sich die Aufgabe, die Sozialpolitik und Sozialgesetzgebung aus der Zeit Bismarcks den Herausforderungen unserer »postindustriellen« Gesellschaft anzupassen, so daß sie den gegenwärtigen Anforderungen Rechnung tragen kann. Zu fragen ist, ob dies der Markt allein schafft; in den fünfziger Jahren hat er dies nicht geleistet.

Walter Kannengießer
Vielleicht sind die heute festzustellenden Fehlentwicklungen auch darauf zurückzuführen, daß zu wenig marktwirtschaftliche Politik gemacht wurde oder diese zu gering geachtet wurde.

Christian Watrin
Zu glauben, der Markt an sich könne etwas bewirken, ist irreführend. Dies geht zurück auf die Ansicht, der Kapitalismus sei ein überindividuelles Wesen, das verschiedenste Dinge tun könne. Der Markt ist hingegen tatsächlich nichts anderes als ein Regelsystem, in dem einzelne Regelungen geschaffen werden, um bestimmte Zwecke zu erreichen. Was für Regelungen in der Straßenverkehrsordnung gilt, gilt auch für den Markt. Innerhalb des Marktes können sich die Menschen, die in ihm leben, der jeweils vorhandenen Institutionen bedienen. Menschen handeln dabei unglaublich rational im Hinblick auf die ihnen gesetzten Anreizsysteme.

Wahrscheinlich hat Ludwig Erhard die Katastrophe, in die das Umlagesystem bei den Altersrenten geführt hat, intuitiv im vorhinein erfaßt. Die Problematik liegt darin, daß das Umlagesystem auf der Fiktion des Generationenvertrages aufbaut. Konrad Adenauer soll 1956 bei Vorlage dieser Pläne gesagt haben, daß dies auf lange Sicht deswegen funktionieren könne, da die Menschen Kinder »von selbst« bekämen.

Wenn jedoch die Anreize zerstört werden, daß Kinder auch Alterssicherung sind, wenn zusätzlich durch das verfügbare Konsumeinkommen quasi eine Prämie denjenigen gezahlt wird, die keine Kinder haben, dann ist es nicht verwunderlich, daß die Geburtenraten zurückgehen. Dies ist selbstverständlich eine rein ökonomische Betrachtung, in die in der Realität weitere Komponenten hineinspielen.

Wahrscheinlich haben diejenigen, die seinerzeit dieses Programm vorschlugen, die bevölkerungspolitischen Konsequenzen nicht gesehen. Sie haben übersehen, daß das Verhalten der Menschen sich in einem wandelnden Gesellschafts- und Wirtschaftssystem mitändert.

In diesem Zusammenhang von einem Versagen der Sozialen Marktwirtschaft zu reden, halte ich für eine Fehlinterpretation. Soziale Marktwirtschaft ist ein System mit hohem Risiko. Artisten können aus der Kuppel des Zirkuszeltes stürzen und schlagen hart auf den Boden auf, wenn kein Sicherheitsnetz aufgespannt ist. Familien- und Unternehmensgeschichten in den zwanziger und dreißiger Jahren zeigen, daß diese Abstürze stattfanden. Sie bedeuteten gleichzeitig auch den Ruin der wirtschaftlichen Existenz bis hin zum Abstieg in die Armut. Der Markt ist den Menschen nur dann zuzumuten, wenn ein soziales Netz integriert ist. Dieses soziale Netz muß jedoch nicht unbedingt staatlich bereitgestellt werden, sondern die Märkte haben hier große Vorteile. In einigen Nachbarländern, z. B. den Niederlanden, wurden bereits eine Reihe sozialstaatlicher Tätigkeiten privatisiert. Da sich die Anreizsysteme für die Menschen ändern, funktioniert diese Privatisierung. Ein soziales Netz von anderer Struktur, das gleichzeitig auch den Menschen die Möglichkeit gibt, sich privat zu versichern, kann ein vernünftiges Ziel sein. Den Kritikern privater Absicherungen ist zu entgegnen, daß der Sozialstaat selbst keine Mittel schafft, sondern daß er nur auf das zurückgreifen kann, was die Bürger zuvor produzierten.

Werner Abelshauser
Die praktische Fortführung der Wirtschafts- und Sozialpolitik hat sich in den sechziger und siebziger Jahren an Alfred Müller-Armack orientiert und war mit Fehlentwicklungen verbunden. Müller-Armack wollte zusätzlich zu Erhard und zur marktwirtschaftlichen Komponente eine aktive Konjunkturpolitik. Dennoch war er nicht offen für alle Eingriffe, denn das Prinzip der Marktkonformität spielt bei ihm eine wichtige Rolle. Er wollte vor allem Startgerechtigkeit, Leistungs- und Bedarfsgerechtigkeit.

Heute stehen wir vor der Aufgabe, in einem politischen Prozeß neu zu definieren, was ein ausgewogenes Verhältnis zwischen Markt und sozialer Dimension sein soll. Bei Versuchen, das derzeitige soziale Sicherungssystem zu privatisieren, ist zu berücksichtigen, zu welchen Bedingungen dann soziale Sicherheit für den einzelnen möglich ist. Es wird immer notwendig sein zu intervenieren, weil private Absicherungen aufgrund von Einkommensschwächen nicht möglich sind. In diesen Fällen hilft es nicht weiter zu sagen, der Sozialstaat könne bestimmte Leistungen nicht gewähren. Allgemein anerkanntes Ziel scheint doch zu sein, in unserer Gesellschaft jedem einzelnen einen Mindestlebensstandard zu sichern, der der Menschenwürde entspricht. Ungeachtet solcher Prinzipien ist unser soziales Sicherungssystem jedoch kritisch zu überprüfen. Der jetzige Standard ist auf Dauer nicht überlebensfähig. Die Ursachen der Sozialstaatskrise dürfen jedoch nicht außer acht gelassen werden. Die demographische Entwicklung hat den Sozialstaat in eine problematische Lage gebracht. Auch wenn alle die Wiedervereinigung begrüßen, sind deren Folgekosten auch für den Sozialstaat erheblich. Ein Teil der bestehenden Mas-

»Geisterbeschwörung: ›Ludwig, erscheine und hilf uns!‹«
Walter Hanel, 1997

senarbeitslosigkeit ist auf ein überzogenes Sozialsystem zurückzuführen. Wir müssen erkennen, wo Grenzen und Möglichkeiten für einen Ab- oder Umbau des Sozialstaates liegen.

Ernst-Joachim Mestmäcker
Bei der Bewertung, ob sich die Soziale Marktwirtschaft 1957 im Hinblick auf die Alterssicherung als Fehlschlag erwiesen hat, muß man berücksichtigen, in welcher Situation sich das Land nach dem Ende des Zweiten Weltkrieges befand. 1948 war eine Politik der wirtschaftlichen Wiederbelebung in der Bundesrepublik Voraussetzung dafür, wieder zu einem menschenwürdigen Leben zu gelangen. Gegen die Dynamisierung der Altersrente hat Ludwig Erhard Bedenken geltend gemacht, ohne sich aber durchsetzen zu können. Die Entwicklung in der Gegenwart hat die Sorgen von Ludwig Erhard bestätigt.

Alfred Müller-Armack wollte der Politik in der Marktwirtschaft eine notwendige und legitime Rolle zuweisen. So sollten kurzfristige Krisen durch staatliche Subventionen überwunden werden. Er hielt sie für ein marktkonformes Mittel und hat ihren Einsatz wiederholt empfohlen. Fatal ausgewirkt hat sich vor allem, daß die Subventionen in der Regel Erhaltungssubventionen waren und Arbeitsplätze erhalten sollten. Zu den eigentlichen Fehlentwicklungen unseres Systems gehört, daß sich keine ernsthafte Opposition gegen ausufernde Subventionen formiert hat, weil diese den Gewerkschaften, den Unternehmen und auch den politischen Parteien das Leben erleichtern. Zwischen der Eigengesetzlichkeit demokratischer Willensbildung und den Erfordernissen der Marktwirtschaft besteht – wie das Beispiel der Subventionen zeigt – keine Harmonie.

Christian Watrin
In der unmittelbaren Nachkriegszeit bis in die Mitte der fünfziger Jahre gab es tatsächlich nur geringe Rentenerhöhungen. Alte Menschen drohten zu verarmen. Es gab begründeten Anlaß, damals über das System nachzudenken. Zehn Jahre nach Kriegsende gab es keine andere Möglichkeit, als ein Rentensystem über ein Umlagesystem zu finanzieren. Zu erinnern ist auch daran, daß anfangs kein reines Umlageverfahren in Kraft trat, sondern ein Abschnittdeckungsverfahren, bei dem jeweils für zehn Jahre der Beitrag festgelegt wurde mit der Anforderung, am Ende dieser Phase auch eine respektable Kapitalreserve sicherzustellen. Dies ist nicht sauber durchgehalten worden. Das große Problem ist weniger der seinerzeit vollzogene Schritt zum Umlageverfahren als vielmehr die sukzessive Abweichung der Politik vom ursprünglichen Prinzip. Die Änderungen an den Rentengesetzen haben das Rentenniveau, das ursprünglich auf 60 % konzipiert war, zunehmend in die Höhe getrieben. Hinzu kam, daß die Rentenlaufzeiten sich wegen der steigenden Lebenserwartung ständig verlängerten. Dies hat das System der Rentenfinanzierung an den Rand der Existenzkrise gebracht. Die Ursache liegt weniger in der Entscheidung, statt des Kapitaldeckungs- ein Umlageverfahren einzuführen, sondern sie ist vielmehr in der Überdimensionierung der Anforderungen des Rentensystems an die Ökonomie zu suchen.

Werner Abelshauser
Bei der Einführung des Rentensystemes gab es drei Alternativen. Zunächst entfaltete das britische Modell in der unmittelbaren Nachkriegszeit hohe Attraktivität. Dieses System macht zur Voraussetzung, keine Arbeitslosigkeit in höherem Ausmaß zu haben. Erhard hat dieses System abgelehnt. Es tendiert in die Richtung, Grundversorgung und Grundausstattung von Staats wegen sicherzustellen.

Die zweite Alternative war Erhards Modell, über Vermögensbildung in breiten Bevölkerungskreisen Wohlstand für alle zu schaffen. Ziel war, durch private Kapitalbildung die Altersversorgung neben den Einnahmen aus der Rentenversicherung zu stärken. Auf diesem Wege wäre die klassische Sozialversicherung allmählich obsolet geworden.

Schließlich gab es noch die Möglichkeit, das Bismarcksche System im Sinne der katholischen Soziallehre zu dynamisieren. Damit sollte es in die Lage versetzt werden, der Wirtschaftswunderdynamik zu folgen.

Das gewählte System hat sich in der Bundesrepublik, soweit sich diese als Industriestaat weiter entfaltete, hervorragend bewährt. Die Bedenkenträger – von der Bundesbank bis hin zum Finanzministerium – mußten zugeben, daß die gegen die Rentenreform geäußerten Bedenken nicht gerechtfertigt waren.

Das Problem setzte erst ein, als die Bundesrepublik aufhörte, ein Industriestaat zu sein und begann, in eine andere Qualität wirtschaftlicher Produktionsweise hineinzugleiten. Dies führte dazu, daß die Lebensarbeitszeit immer geringer wurde und für das Rentensystem zentrale Institutionen, wie die Fabrik und der Sozialtypus des Arbeiters, nicht mehr für die gegenwärtige Produktionsweise typisch sind.

Neue soziale Gruppen entstehen, die von der alten Sozialversicherung nicht mehr erfaßt sind. Diese Probleme sind jedoch nicht an Erhards grundsätzlichen Bedenken gegen kollektive Systeme sozialer Sicherung zu messen. In der neuen Situation ist vielmehr zu überdenken, welche Alternativen gefunden werden können. Entweder müssen wir das Bismarcksche System erneut verbessern oder die Forderung der Vermögensbildung in Arbeitnehmerhand ausbauen. Als dritte Möglichkeit bietet sich an, ein Grundversorgungsmodell einzuführen, das für jeden den gleichen Rentenbetrag vorsieht.

Die Wirtschafts- und Sozialpolitik der Bundesrepublik in den fünfziger Jahren, die sozial-marktwirtschaftlich geprägt war, konnte das Problem der Altersversicherung nicht dauerhaft lösen. Um die vorhandene soziale Lücke zu schließen, wurde auf ein modifiziertes, aber gleichwohl klassisches, kooperatives Modell zurückgegriffen, in dem die sozialen Gruppen die Altersversicherung selbst verwalteten. Es gibt wenig Grund zur Annahme, daß dieses Modell nicht reformierbar sei.

Ernst-Joachim Mestmäcker
Das kooperative Sozialsystem der Bundesrepublik geht von der Voraussetzung aus, daß die sozialen Probleme zwischen Arbeitgeber und Arbeitnehmer und ihren Organisationen lösbar sind.

Das Bismarcksche Sozialsystem setzt ein abgeschlossenes System im Verhältnis zu den Risiken des Marktes stillschweigend voraus. Der risikotragende Bereich sind die Märkte, der Solidarbereich sind die Versicherungen. Diese Trennung ist durch die wirtschaftliche Entwicklung überholt.

Das politisch angereicherte Umlageverfahren ist in der Gegenwart zum wesentlichen Strukturproblem geworden. Ludwig Erhard hat wiederholt vor der Gefahr großer Systeme kollektiver Sicherheit gewarnt. Insofern hatte er das richtige Gefühl.

Heinz Lampert
Es ist verkürzt zu sagen, unsere Gesellschaft trage das kooperative Modell im Bereich der Versicherungen nicht mehr. Es gibt vielmehr eine Reihe anderer Gründe, die für das Versagen dieses Systems herangezogen werden müssen. Z. B. hat der Staat seit Jahrzehnten die Systeme sozialer Sicherung als eine Finanzierungsquelle für Staatsaufgaben mißbraucht, die mit einem Versicherungsschutz nichts zu tun haben. Vielleicht können Probleme dieser Sozialversicherungssysteme auch gelöst werden, wenn man deren Autonomie stärkt. Doch selbst dann, wenn die Versicherungssysteme so stark reformiert werden, daß sie den gegenwärtig existierenden nicht mehr gleichen, könnten die sozialpolitischen Positionen Ludwig Erhards nicht übernommen werden. Ein Versicherungssystem davon abhängig zu machen, ob jemand verschuldet oder unverschuldet in Not geraten ist, ist nicht operationalisierbar. Wenn sich wirklich erweisen sollte, daß die derzeit gültigen Systeme abgebaut werden müssen, ist die Aufgabe gestellt,

ein Mindestsicherungssystem zu suchen, das unabhängig davon ist, ob jemand persönliche Schuld trägt oder nicht. Jedem ist ein Existenzminimum zu sichern, das eine menschenwürdige Existenz gewährleistet.

Walter Kannengießer
Mit der Sozialhilfe gibt es in der Bundesrepublik ein unteres Netz sozialer Sicherung. In diesem Netz werden sich die wenigsten sonderlich wohl fühlen. Doch es ist immerhin ein Netz, in dem das Existenzminimum abgesichert wird. Leider wird es von den Menschen überstrapaziert, die zu wenig tun, um dieses Netz nicht nutzen zu müssen.

Christian Watrin
Der These, Deutschland sei kein Industriestaat mehr, kann ich nicht folgen. Im internationalen Vergleich hat die Bundesrepublik noch immer einen unterdurchschnittlichen Dienstleistungsanteil, keinesfalls einen überdurchschnittlichen. Wir müssen wirtschaftliche Güter schaffen, die wir verkaufen. Ob es sich hierbei um materielle oder immaterielle Leistungen handelt, ist für einen Ökonomen nur von untergeordneter Bedeutung.

Die staatliche Bevormundung des sozialen Sicherungssystemes hat dazu geführt, daß diese Systeme zu Instrumenten wurden, Wahlkämpfe zu führen und Stimmen zu gewinnen. Als 1972/73 der damaligen SPD/FDP-Regierungskoalition die Stimmenmehrheit im Bundestag verloren ging, setzte die CDU ihre Rentenvorstellungen mit einer Stimme Mehrheit durch. Nach der Bundestagswahl hätte die wiedergewählte SPD/FDP-Koalition die Gesetzgebung revidieren können. Statt dessen hat sie draufgesattelt. Hierdurch ergab sich rechnerisch, daß ein fiktiver Kapitalstock von immerhin 160 Milliarden DM in kürzester Zeit aufgezehrt wurde. Dieser Kapitalstock existierte nicht; es handelte sich lediglich um eine rechnerische Größe für die nächsten 15 Jahre.

Walter Kannengießer
Um an dieser Stelle keine aktuelle Rentendiskussion zu führen, darf ich Ludwig Erhards Position zur Europapolitik thematisieren. Erhard stand den europäischen Gemeinschaften skeptisch gegenüber. Gleichzeitig hat er eine Vision des größeren Europa gehabt, das er Stück um Stück realisieren wollte.

Ernst-Joachim Mestmäcker
Aus historischer Perspektive stellt sich der Montan-Vertrag als Ablösung der Allierten Kontrollgesetze einschließlich der Entflechtungsvorhaben im Bereich von Kohle und Stahl dar. Hier haben sich die Kartellvorschriften und Subventionsverbote als unwirksam erwiesen. Unter dem Schutz der Hohen Behörde der EGKS haben sich Subventionen ungehindert ausgebreitet.

Die Europäische Wirtschaftsgemeinschaft war politisch gesehen das Produkt einer gescheiterten Verteidigungsgemeinschaft.

Der Vertrag über die Europäische Wirtschaftsgemeinschaft ist unter Federführung von Bundeswirtschaftsminister Ludwig Erhard von den Beamten seines Ministeriums und mit seiner Billigung ausgearbeitet worden. Die Vorstellung, daß Ludwig Erhard sich gegen das Regelwerk des EWG-Vertrages gewandt habe, ist nicht haltbar. Zu berücksichtigen ist hierbei jedoch, daß die grundsätzliche Entscheidung für eine Europäische Wirtschaftsgemeinschaft von Konrad Adenauer unter Einsatz seiner Richtlinienkompetenz getroffen wurde.

Der EWG-Vertrag normiert eine marktwirtschaftliche Verfassung. Die rechtlichen und wirtschaftlichen Wirkungen, die von dem Vertrag ausgegangen sind, konnte keiner der Beteiligten voll vorhersehen. Weder Erhard noch die Europapolitiker konnten damit rechnen, daß der Europäische Gerichtshof die unmittelbare Anwendbarkeit der Freiheitsgewährleistungen des EWG-Vertrages begründen würde. In dem maßgeblichen Verfahren wendeten sich die Bundesrepublik, die Niederlande und Frankreich gegen die Begründung von Individualrechten der Bürger auf Durchsetzung der gemeinschaftsrechtlichen Pflichten der Mitgliedstaaten. Die Regierungen wollten diesen in der Tat radikalen Schritt zur Öffnung der Märkte nicht hinnehmen. Aber die daraus hervorgegangene verfassungsmäßige Ordnung des freien grenzüberschreitenden Wirtschaftsverkehrs in Europa ist wirtschaftlich und politisch zu einem großen Erfolg geworden.

Werner Abelshauser
Erhard wollte diese Lösung nicht, er konnte sich aber mit seiner Meinung nicht durchsetzen. Erhard hat in europapolitischen Fragen immer wieder eine Niederlage erlitten. Ob Ludwig Erhard mit seinen Bedenken Recht oder Unrecht hatte, ist nicht das eigentliche Problem. Vielmehr zeigt sich auch an diesem Beispiel, daß er

im Grunde politikunfähig war. So versuchte er z. B. in einer grotesken Verkennung der Möglichkeiten internationaler Politik, in unzähligen Gesprächen in den Vereinigten Staaten die amerikanische Regierung gegen die klein-europäische Lösung des europäischen Integrationsproblems in Stellung zu bringen. Hierbei argumentierte er ordnungspolitisch. Er denunzierte die EWG schon vor ihrer Entstehung als protektionistische Gruppierung, deren Politik geradezu zwangsläufig antiamerikanische Züge tragen müßte.

Die Amerikaner haben Ludwig Erhard – wie dies den Akten zu entnehmen ist – als Außenpolitiker nicht ernst genommen. Sie haben ihm deutlich gemacht, daß es sich bei der Gründung der EWG nicht um marktwirtschaftliche oder ordnungspolitische Überlegungen handele, sondern um weltpolitische. Die Amerikaner haben die einmalige Chance gesehen, die Balkanisierung Europas zu beenden. Daraus resultierte eine pragmatische amerikanische Haltung. In seiner fundamentalistischen Argumentation übersah Erhard, daß es übergeordnete politische Überlegungen gab.

Auf der deutsch-französischen Ebene hat sich dies wiederholt. Nach dem Scheitern der Europäischen Verteidigungsgemeinschaft hat er verhindert, daß es zu einer engeren Rüstungskooperation zwischen Deutschland und Frankreich kam, da diese sich angeblich für die Deutschen nicht rechne und ordnungspolitisch verheerende Auswirkungen habe. Ludwig Erhard blieb die sich 1956 verändernde europapolitische Lage fremd. Dies macht ihn im Vergleich zu Konrad Adenauer zu einem unterlegenen Politiker. Seit Sommer 1956 hat Adenauer versucht, neben den USA eine Alternative zu finden, um die Sicherheit Mitteleuropas zu gewährleisten. Als u. a. in der Suez-Krise deutlich wurde, daß die amerikanische Politik keine absolute Garantie für die Sicherheit der Lebensinteressen der Bundesrepublik bot, hat Konrad Adenauer sofort reagiert und fuhr am 6. November 1956, als sich die Ereignisse zuspitzten, nach Paris. Dort wollte er ein Zeichen setzen, daß Deutschland und Frankreich gemeinsam handlungsfähig seien. Dazu gehörte die Rüstungskooperation. Dies bedeutete auch »Grünes Licht« für die Europäische Wirtschaftsgemeinschaft.

Europapolitische Überlegungen spielten im Denken von Ludwig Erhard keine bedeutende Rolle. Er sah allein die Wirtschaftsinteressen der Bundesrepublik und ihre Einbettung in die Weltwirtschaft. So schien ihm auch die EWG zunächst für die Bundesrepublik nicht sinnvoll. Wie viele deutsche Industrielle war er skeptisch, zumal die meisten Märkte der deutschen Exportindustrie außerhalb der EWG lagen und die Außenzölle höher zu werden drohten als bisher.

Seine fundamentalistische Argumentation, die sich vor allem an wirtschaftlichen Überzeugungen orientierte, wurde den Herausforderungen der Europa- und Weltpolitik nicht gerecht. Hierin lag die Begrenzung der Politik Ludwig Erhards.

Das Erhard-Bild in der Revision

Volker Hentschel

Ludwig Erhard – Mann und Mythos

Ludwig Erhard war meiner Meinung nach, und ich habe diese Meinung auf – vielleicht: zu – vielen hundert Seiten exemplifiziert, belegt und begründet[1], mit durchschnittlichen und höchst wechselhaften ökonomischen Kenntnissen und Einsichten sowie mit eher unterdurchschnittlichen politischen Fähigkeiten ausgestattet. Diese Konstellation konnte und hat nicht den hervorragenden, gestaltungsmächtigen und unvergleichlich erfolgreichen Wirtschaftspolitiker ergeben, als der Erhard von vielen empfunden wird. Die Geschichte von Ludwig Erhard dem Großen ist ein Mythos.

Erhard hat – etwas salopp ausgedrückt – 1948 einen unbestreitbar verdienstvollen wirtschaftspolitischen Coup gelandet, als er die Währungsreform der Alliierten um eine partielle Marktwirtschaftsreform ergänzte. Der Coup geschah und gelang eher zufällig als aufgrund tief begründeter Einsicht. Die sektoral begrenzte Abkehr von amtlicher Bewirtschaftung und Preisbildung paßte in ein ökonomisches Weltbild, das Erhard sich erst wenige Monate zuvor angeeignet hatte und das sich grundsätzlich von den ökonomischen Weltbildern unterschied, die er bis dahin vertreten hatte.

Das nimmt der Entscheidung nichts von ihrer Richtig- und Bedeutsamkeit. Der Übergang in die Marktwirtschaft war zweifellos eine notwendige Bedingung des späteren Wirtschaftswunders: außergewöhnliches Wachstum bei Preisstabilität und Annäherung an die Vollbeschäftigung. Er war aber keine hinreichende Bedingung. Daß er dies nicht war, geht schon daraus hervor, daß es ca. drei Jahre dauerte, bis sich die westdeutsche Wirtschaft durch eine Abfolge von Problemen zum eigentlichen Wirtschaftswunder durchgearbeitet hatte: Inflation, anschwellende Arbeitslosigkeit, Devisenkrise, sektorale Investitionsschwäche, Probleme bei der Versorgung mit Energie und Grundstoffen. Keines dieser Probleme wurde mit Mitteln der (Markt-)Wirtschaftspolitik überwunden, alle lösten sich infolge günstiger Voraussetzungen, Umstände und Entwicklungen oder verlangten zu ihrer Lösung nach einer Abwendung von marktwirtschaftlichen Grundsätzen und Verfahren.

Derlei Voraussetzungen, Umstände und Entwicklungen bewirkten dann auch das Wirtschaftswunder. Wirtschaftspolitik trug dazu nichts bei. Sie hat es vielmehr gelegentlich gefährdet.

Erhard hat jenes Wunder mit großem oratorisch-populistischem Geschick – und außerordentlicher Selbstgefälligkeit – repräsentiert und symbolisiert, er hat es weder gemacht noch gesichert, noch spürbar beeinflußt. Es begab sich und hätte sich in gleicher Weise begeben, wenn Erhard im Herbst 1950 entlassen und z. B. durch Franz Etzel ersetzt worden wäre. Ein solcher Wechsel stand damals zur Debatte, da die deutsche Bevölkerung Erhard, Umfragen zufolge, zu jener Zeit für einen Versager hielt. Das war ungerecht. Zwei Jahre später hielt sie ihn für einen Wirtschaftswundermann. Das wiederum war unbegründet. Erhard hatte unterdessen nichts getan, was den Meinungsumschwung sachlich rechtfertigte. Man hielt ihm jetzt die Gunst der Entwicklung zugute, wie man ihm zuvor die Probleme angelastet hatte. Nicht Erhard machte das Wirtschaftswunder, es war vielmehr so, daß das Wirtschaftswunder den Mythos Erhard machte.

Als Mythos wurde Erhard schließlich Bundeskanzler, obwohl man wußte, daß die Person für das Amt nicht taugte. Als Kanzler hat er versagt. Er war führungsschwach und entschlußlos, es fehlte ihm an Gestaltungswillen, Tatkraft und Durchsetzungsfähigkeit, er war häufig schlecht informiert, zumeist wenig präsent – selbst dann, wenn er da war – und seinen Gesprächs- und Verhandlungspartnern in der internationalen Politik nicht gewachsen. Es zeigte sich, daß er zum Politikmachen nicht geschaffen war. Das Machen widersprach seinem Naturell. Es widersprach seinem Naturell aber auch schon, als er noch Wirtschaftsminister war.

Erhard war H. J. Abs zufolge immer dann gut, wenn er nichts tat. Diese Äußerung enthält – ironisch gebrochen – viel Anerkennung, viel Abwertung und sehr viel Richtiges. Erhard war in manchen Situationen ein guter Wirtschaftsminister, weil er nichts tat. Vor allem schien er aber über weite Strecken ein so hervorragender Wirtschaftsminister zu sein, weil er nichts tun mußte. Die wirtschaftliche Entwicklung erübrigte Wirtschaftspolitik. Erhard hat den Beweis der überlegenen Fähigkeiten, die ihm nachgesagt werden, im Grunde nie erbracht. Als er ihn 1966 hätte erbringen können, ist er ihn schuldig geblieben.

Diese ersten Feststellungen sollen nachfolgend in drei Punkten vertieft und begründet werden. Der erste Punkt betrifft die Wechselhaftigkeit von Erhards Ordnungsvorstellungen bis zu seiner gedanklichen Aneignung des Ordoliberalismus und sein ungefestigtes ordnungspolitisches Denken danach. Der zweite betrifft die von Wirtschaftspolitik unbeeinflußten Gestaltungs- und Triebkräfte des sog. Wirtschaftswunders und der dritte Erhards begrenzte Wirksamkeit als Wirtschaftspolitiker in den fünfziger und sechziger Jahren.

Ludwig Erhard – ein ökonomischer Eklektiker

Die Hinwendung zum Ordoliberalismus war die dritte Kehrtwende seines Ordnungsdenkens. Am Ende der Weimarer Republik hatte er die große Wirtschaftskrise, unter der Deutschland litt, als notwendige Ausgeburt der privaten Verfügungsmacht über volkswirtschaftliches Kapital und der privaten Gewinnaneignung interpretiert. Die privatwirtschaftliche Gütererzeugung widerspreche jeder ökonomischen Vernunft und führe unausweichlich ins Chaos, meinte er damals.

Im Dritten Reich erkannte er die private Verfügungsmacht über die Produktionsmittel und die private Gewinnaneignung dann als berechtigt und ökonomisch richtig an, erklärte nun aber, daß persönliche ökonomische Handlungsfreiheit mit gesellschaftlicher Harmonie und politischen Notwendigkeiten unvereinbar sei. Das liberale Prinzip habe versagt. Träger der modernen Volkswirtschaft könne nur der Staat sein. Der Staat müsse die Wirtschaft nach Maßgabe politischer Zwecke und Ziele lenken. Je entschiedener und umfassender er sie lenke, um so reibungsloser vollziehe sich der Wirtschaftsprozeß. Der Marktpreis sei ungerecht, die staatliche Preisbildung hingegen sorge für Gerechtigkeit, Marktfrieden und gesellschaftliche Harmonie. Freiheit tue sich in der einsichtsvollen Unterwerfung unter den staatlichen Willen kund. Diese Auffassung vertrat er 1938.

Als Erhard 1943/44 – inzwischen im Dienste der Reichsgruppe Industrie – über die Ordnung der Nachkriegswirtschaft nachdachte, war die Option für eine freie Marktwirtschaft immer noch Anathema, weil die freie Marktwirtschaft in seinen Augen historisch desavouiert war. Jetzt dachte er an eine etatistisch-kollektivistische Ordnung, in der ein machtvoller Staat die Ziele setzte und die Programme entwickelte und in der gestaltungsfähige Unternehmerverbände jene Programme durchführten. Die Kartelle mußten demnach in der Friedenswirtschaft auf neue, sichere Grundlagen gestellt werden. Unternehmerischer Eigenwille war seinen damaligen Überlegungen zufolge auszuschließen, kollektives Handeln allemal verantwortungsbewußter als individuelles.

In den ersten Nachkriegsjahren war Erhards ordnungspolitisches Trachten unbestimmt. Er entfernte sich von den Standpunkten, die er im Dritten Reich eingenommen hatte, ohne gleich einen neuen zu finden. Das änderte sich, als Erhard 1947 Vorsitzender der Sonderstelle Geld und Kredit wurde. In dieser Funktion machte er Bekanntschaft mit dem Ordoliberalismus und wählte ihn zum neuen Bezugspunkt seines ökonomischen Denkens – gerade rechtzeitig, um sich davon zu seiner wichtigen Tat im Sommer 1948 inspirieren zu lassen.

Später übernahm er von Müller-Armack die Wortkombination »Soziale Marktwirtschaft« und kleidete sein ordnungspolitisches Wollen damit ein. Fraglich ist, ob er auch den Begriff und das Konzept Müller-Armacks übernahm. Ich bezweifle es. Viele Äußerungen deuten darauf hin, daß Erhard soziale und freie Marktwirtschaft für Synonyme erachtete: Marktwirtschaft erschien ihm sozial, wenn und weil sie freie Wettbewerbswirtschaft sei.

Das hält ihm heute mancher zugute. Wer das tut, bezichtigt ihn zugleich der Unaufrichtigkeit. Erhard sprach von sozialer und nicht von freier Marktwirtschaft. Wenn er aber freie Marktwirtschaft meinte, dann verstand er unter dem Begriff etwas anderes als sein Urheber und als das, was sich die große Mehrzahl der Rezipienten der anheimelnden Wortverbindung – gewöhnlich unklar – darunter vorstellte.

Was Erhard mit freier Wettbewerbswirtschaft meinte, ist freilich nichts weniger als sicher. Manches spricht dafür, daß er nicht sehr fest in ordoliberalen Vorstellungen ruhte und sich ziemlich weit davon entfernen konnte. So mochte Erhard Marktpreisbildung neuerdings im Prinzip für richtig halten, praktisch schien sie nur solange gut zu sein, wie Erhard sie für politisch opportun hielt. Der gleichsam vorliberale Gedanke, daß es einen von den Marktverhältnissen unabhängigen – »richtigen« – Preis gebe, hat Erhard nie ganz verlassen. Es müsse dahin kommen, daß die Produzenten nur den Preis verlangten, der der Ware tatsächlich entspreche, sagte er und forderte 1955 zu diesem Zweck ein amtliches Preisprüfungsrecht. Zuvor schon hatte er sich mit Vehemenz gegen die Absicht ausgesprochen, die Preisbildung für Kohle und Stahl in der Montanunion dem Markt zu überlassen. Die Preisbildung müsse eine dauerhafte Aufgabe der Hohen Behörde sein, und dieser müsse es verboten werden, die Preise zu erhöhen. So äußerte sich Erhard 1950 und ähnlich auch noch 1962. Da versuchte er den VW-Vorstand dazu zu veranlassen, eine Preiserhöhung rückgängig zu machen. Der Versuch mißlang, und Erhard war darüber empört. Er vertrete schließlich die übergeordnete Autorität des Staates, sagte er, und könne erwarten, daß die großen Unternehmen ihre Politik mit ihm abstimmten. Im übrigen seien die Zeiten des Wachstums vorbei, und es sei nötig, die Gesetze der Sozialen Marktwirtschaft auf diese Situation auszurichten.

Wie immer das auch zu verstehen war, die Kluft zwischen dem Bekenntnis zur und dem Verständnis von Marktwirtschaft ist unübersehbar.

Ähnliches läßt sich in bezug auf den Wettbewerb feststellen. Bei genauem Hinsehen reduziert sich Erhards wettbewerbspolitisches Credo in der Praxis auf das Kartellverbots-Prinzip. Für dessen Durchsetzung nahm er so viele Ausnahmen davon hin, daß vom Prinzip selbst kaum etwas übrigblieb. Franz Böhm, der in der Wolle gefärbte Ordoliberale, beschwor ihn: Die Ausnahmen seien schlimmer als der Verzicht auf das Verbotsprinzip, weil das Zugeständnis von Ausnahmen das Eingeständnis beinhalte, daß Wettbewerbsbeschränkungen u. U. zu besseren Marktergebnissen führten als der Wettbewerb. Die Beschwörung blieb unbeachtet, ebenso wie Böhms Drängen, kein Gesetz ohne Fusionskontrolle und ohne die Möglichkeit scharfen Vorgehens gegen marktbeherrschende Unternehmen zu akzeptieren. Erhard war ein Gegner der montanindustriellen Entflechtung; bei der Alliierten Hohen Kommission setzte er sich für den Fortbestand des Kohlegemeinschaftsverkaufs und gegen die Aufnahme der Fusionskontrolle ins deutsche Wettbewerbsgesetz ein. Unternehmen könnten ihm gar nicht groß und mächtig genug sein, meinte er. Derlei Macht sei segensreich, da sie eine Triebkraft des Fortschritts darstelle – eine Äußerung, die eher nach einem Bekenntnis zur Industriepolitik als nach einem Bekenntnis zur Wettbewerbspolitik klang.

Erhard blieb somit auch nach der ordoliberalen Bekehrung und der Aneignung des Begriffs »Soziale Marktwirtschaft« ökonomischer Eklektiker. Er änderte seine Ordnungsvorstellungen zwar nicht mehr grundsätzlich, aber er meinte es mit den Grundsätzen der Markt- und Wettbewerbswirtschaft nur nach Bedarf ernst. Er war weder ein gedanklicher Urheber noch ein wirklich konsequenter Verfechter der »Sozialen Marktwirtschaft«.

Ludwig Erhard – ein politisches Glückskind

Noch weniger kann Erhard kurzweg als der Vater des Wirtschaftswunders bezeichnet werden. Das Wunder hatte viele Väter. Erhard gehörte zu ihnen. Aber seiner Teilvaterschaft kommt kein sachlicher Vorrang zu, nur weil sie einen zeitlichen Vorlauf hatte. Das Wirtschaftswunder hätte es ohne Erhards Marktwirtschaftsreform nicht gegeben. Es geschah aber weder zeitlich noch sachlich infolge der Reform. Es geschah vielmehr im Abstand von zwei bis drei Jahren, die voller nicht vorhergesehener wirtschaftlicher Probleme waren, aufgrund der Reform und infolge eines Komplexes äußerst vorteilhafter Umstände. In der Ballung und Verquickung jener Umstände besteht das eigentliche Wunder. Ohne sie wäre die Reform ins Leere gegangen.

Zu den wichtigsten Umständen, die der westdeutschen Währungs- und Marktwirtschaftsreform zum Erfolg verhalfen, gehörten der außerordentlich starke Nachfrageimpuls infolge des Korea-Krieges und die mittelfristig wirksame Möglichkeit, mit fremder Unterstützung einen ökonomisch-technischen Rückstand beschleunigt aufzuholen. Dieses sog. Catching-up verläuft leichter und schneller als »originäres« Wachstum, wenn die Kräfte dafür vorhanden sind. Die Kräfte waren vorhanden, erstens in Gestalt eines umfangreichen, vom Dritten Reich überlieferten Kapitalbestandes, der zwar derangiert war, aber unschwer restauriert werden konnte, und zweitens in Gestalt eines anhaltend ergiebigen Potentials an qualifizierten, hochmotivierten, mobilen und leistungswilligen Arbeitskräften, die sich im Durchschnitt der fünfziger Jahre mit Lohnerhöhungen unterhalb des Produktivitätsfortschritts zufriedengaben. Dazu kam eine dauerhaft vorteilhafte Entwicklung der terms of trade. Sinkende Arbeits- und Materialkosten sorgten bei kräftig zunehmender Nachfrage für steigende Gewinne; hohe Ge-

Ernst-Günther Hansing, Portraitskizze, 1977

winne und gute Absatzchancen sorgten ihrerseits für optimistische Erwartungen. Beides zusammen regte zu umfangreichen Investitionen an und begünstigte zugleich deren Finanzierung. Die außerordentlich lebhafte Kapitalbildung war einerseits ein triebkräftiges Nachfragepotential und erschloß andererseits ungewöhnlich große Produktivitätspotentiale. Der Kapitalkoeffizient nahm vorübergehend ab. Das gab es in der modernen deutschen Wirtschaftsgeschichte nur dieses eine Mal. Die guten Absatzchancen im Inland und namentlich im Ausland hatten mehrere Gründe. Der wichtigste war die ausgezeichnete internationale Preiskonkurrenzfähigkeit deutscher Güter. Diese wiederum hatte ihre Ursache darin, daß die Preise in Deutschland merklich langsamer stiegen als im Ausland. Im Verein mit festen Wechselkursen ergab dies eine deutliche reale Abwertung der DM.

Die Stabilität der deutschen Preise kann man als ein Wunder im Wunder bezeichnen. Die Geldmenge nahm zeitweise dreimal so schnell zu wie das reale Sozialprodukt. Die Preiserhöhungsspielräume waren mithin erheblich, wurden aber aus schwer erfindlichen Gründen nicht ausgenutzt. Die Umlaufgeschwindigkeit nahm bemerkenswert ab. Die Ausschöpfung der Preiserhöhungsspielräume hätte nicht nur die deutsche Konkurrenzfähigkeit, sie hätte – wie die Erfahrungen aus den Jahren 1948 und 1950/51 lehren – auch das Ansehen des Wirtschaftsministers schwer beeinträchtigt.

Erhard war in den fünfziger Jahren also eher ein politisches Glückskind als ein wirtschaftspolitischer Wundermann.

Ludwig Erhard – ein überschätzter Wirtschaftspolitiker

Die Feststellung, daß Erhard das Wirtschaftswunder nicht wesentlich bewirkt, politisch aber erheblich davon profitiert hat, schließt nicht aus, daß er sich auf andere Weise große Verdienste um Ordnung und Entwicklung der westdeutschen Wirtschaft erworben hat. Häufig ist zu lesen, daß Erhard die marktwirtschaftliche Ordnung durch beharrlich-erfolgreichen Widerstand über die Korea-Krise hinweggerettet habe. Das setzt voraus, daß jemand mit politischer Durchsetzungsfähigkeit damals eine planwirtschaftliche Revision verlangte. Die Voraussetzung trifft nicht zu. Die Alliierte Hohe Kommission verlangte, daß die Bundesregierung dem beängstigenden außenwirtschaftlichen Ungleichgewicht entgegenwirke, daß sie auf Kosten des Verbrauchs die Investitionen fördere, daß die Bank deutscher Länder (BdL) eine streng restriktive Geldpolitik treibe und daß bestimmte Rohstoffe nach bestimmten Prioritäten verwendet würden. All dies geschah: durch vorübergehende Rückkehr zu vollständiger Devisenbewirtschaftung, durch amtliche Investitionslenkung, durch Kreditrationierung und durch die Berufung eines Rohstoffbeauftragten.

Wenn etwas die marktwirtschaftliche Ordnung, vor allem aber das Wirtschaftswunder und beiläufig auch die politische Existenz des Wirtschaftsministers in Gefahr brachte, dann war dies die leichtfertige Überbeanspruchung des deutschen EZU-Kredits, an der Erhard nicht unbeteiligt war. Bestanden wurde die Gefahr zunächst mit einem Sonderkredit und dann mit der Bereitschaft der EZU, der Europäischen Zahlungsunion, Deutschlands vertragswidrige Deliberalisierung des Außenhandels zu tolerieren. Erhard dankte es ihr dadurch, daß er sie – sobald Deutschland Nettogläubiger geworden war – als verfehlte und schädliche Einrichtung denunzierte. Das war nicht nur undankbar, sondern überdies falsch. Die EZU blieb – unter den Umständen der Zeit, mit denen Wirtschaftspolitiker nun einmal zu rechnen haben – über die Hilfe in der Devisenkrise hinaus ein Volltreffer für die außenwirtschaftliche Entwicklungsfähigkeit der deutschen Wirtschaft.

Welchen Beitrag leistete Erhard zur praktisch-politischen Grundlegung und Ausgestaltung der Sozialen Marktwirtschaft, und wie ist die Bedeutung der von ihm geprägten Sozialen Marktwirtschaft für das Wirtschaftswunder einzustufen?

Erhard war für die Sozialpolitik nicht zuständig und an der im Begriff angelegten Integration von Wirtschafts- und Sozialpolitik nicht interessiert. Der epochalen Rentenreform von 1957 stimmte er im Kabinett und im Bundestag zu. In der Öffentlichkeit lief er dagegen Sturm, nicht mit Argumenten, die ihn heute als providentiell auswiesen, mit Argumenten vielmehr, die sich allesamt als falsch herausstellten.

Die rechtlich-politische Grundlegung der Wettbewerbs-, der Geld- und der Außenwirtschaftsordnung lag Erhard hingegen am Herzen. Mit ihrer Realisierung kam er freilich so langsam voran, daß zumindest das westdeutsche Wirtschaftswunder auf seinen Beitrag verzichten mußte. Das Wettbewerbs- und das Bundesbankgesetz traten 1957/58 in Kraft, Konvertierbarkeit wurde Anfang 1959 erreicht. Zu diesem Zeitpunkt war das Wunder bereits geschehen. Es war offenbar ohne Erhards ordnungspolitischen Beitrag ausgekommen.

Es gab bereits Wettbewerbs- und Zentralbankgesetze, als die Bundesrepublik ins Leben trat. Zumindest das alliierte Wettbewerbsgesetz, dem Erhard sich als bayerischer Wirtschaftsminister widersetzt hatte, war wesentlich besser als das Gesetz gegen Wettbewerbsbeschränkungen von 1957, das jedem konsequenten Ordoliberalen das wettbewerbspolitische Herz brach: das Verbotsprinzip durch die Ausnahmen um seinen Sinn gebracht, die Fusionskontrolle gestrichen, die Begriffe Marktbeherrschung und Mißbrauch so bestimmt, daß sie sich als unpraktisch und weitgehend wirkungslos erwiesen.

Dabei hatte es 1949 die Chance gegeben, sehr viel schneller ein sehr viel besseres Gesetz zustande zu bringen, als die Militärregierungen den Wirtschaftsdirektor aufforderten, ein Wettbewerbsgesetz vorzulegen, das an die Stelle des ihrigen treten konnte. Ein Entwurf war vorhanden, der sog. Josten-Entwurf, bei dem jedem konsequenten Ordoliberalen das wettbewerbspolitische Herz aufging. Er ging dem Wirtschaftsrat jedoch nicht zu, weil Erhard inzwischen den einstigen Kartellreferenten der Reichsgruppe Industrie zum zuständigen Abteilungsleiter ernannt hatte. Dieser favorisierte Kartelle und hintertrieb die Vorlage. Erhard aber betrieb Wahlkampf und kümmerte sich nicht um die Thematik.

Für das Bundesbankgesetz wurde das Wirtschaftsministerium erst in der zweiten Legislaturperiode zuständig. Bis dahin hatte Erhard sich an kabinettsinternen Bemühungen beteiligt, die Vorlage des Finanzministeriums zu Fall zu bringen, weil sie an der föderalen Organisation des Zentralbanksystems festhielt. In der Unitarisierung der Organisation bestand denn auch die einzig bemerkenswerte Änderung des Gesetzes über die BdL durch das Bundesbankgesetz. Ordnungspolitisch war die Änderung nahezu unerheblich.

Die Liberalisierung der Außenwirtschaft schließlich manifestierte sich für Erhard in einem möglichst raschen Übergang zur Konvertierbarkeit. Zollschutz hielt er für berechtigt und nötig, um die Unterschiede der natürlichen Produktionsbedingungen auszugleichen.

Konvertibilität forderte er seit 1949, zunächst in zeitlichen Intervallen, dann kontinuierlich. Anfangs war die Forderung – Erhard gab das in vertraulichen Briefen selber zu – völlig unrealistisch, weil Deutschland sich angesichts seiner hohen Auslandsverschuldung Konvertierbarkeit selbst bei Handelsbilanzüberschüssen nicht hätte leisten können. Bis ins Frühjahr 1951 hatte die Bundesrepublik jedoch ein enormes Handelsbilanzdefizit zu verzeichnen.

Nach dem Londoner Schuldenabkommen und im Zeichen hoher Handelsbilanzüberschüsse intensivierte Erhard einerseits seinen Feldzug für Konvertierbarkeit, traute andererseits der Bundesrepublik Konvertierbarkeit ohne Mitwirkung anderer europäischer Länder aber nicht zu. Dadurch geriet die Forderung zur fortgesetzten Beschuldigung und Belehrung anderer Regierungen und stiftete im Zusammenhang mit den deutschen Handelsbilanzüberschüssen mancherlei kontraproduktiven Ärger. Den Zeitpunkt und die Art des Übergangs zur Konvertibilität bestimmten schließlich England und Frankreich.

Erhards Bedeutung als ordnungspolitischer Gestalter und Bewahrer und der Einfluß seiner Ordnungspolitik auf die wirtschaftliche Entwicklung sollten demnach nicht überschätzt werden.

Das gilt um so mehr für Erhards Bedeutung als Konjunkturpolitiker, der er nicht war, zu seinem Glück nicht sein mußte und seinem Verständnis von Wirtschaft gemäß auch nicht sein konnte. Er bestand darauf, daß die wirtschaftliche Entwicklung nicht berechenbar sei, weil sich in ihr die unergründlichen Geheimnisse der menschlichen Seele kundtäten. Mithin sei sie auch nicht zweckgemäß und zielsicher beeinflußbar und Konjunkturpolitik daher ohne festen analytischen Rückhalt. Vielleicht ist das richtig. Im Widerspruch dazu stand allerdings Erhards unermüdlich wiederholte Behauptung, daß er die Geschicke der deutschen Wirtschaft lenke, sich dabei als Diagnostiker nie irre und als Therapeut nie etwas falsch mache. Zum Ausdruck kam jener Widerspruch in einem Brief an Adenauer im Herbst 1961. Gefragt, welche wirtschaftlichen Wirkungen die von Erhard empfohlene Aufwertung der DM haben werde, schrieb er: Das könne er nicht sagen; denn es sei unmöglich, die Auswirkungen wirtschaftspolitischer Maßnahmen hinlänglich genau vorauszusagen. Aber er, der von dem Geschäft ja wohl einiges verstehe, verbürge sich ausdrücklich für den Erfolg der Aufwertung.

Die Aufwertung fand statt, der Erfolg blieb aus. Übers Jahr – unter etwas veränderten ökonomischen Umständen – legte Erhard großen Wert auf die Feststellung, daß er ausgeblieben sei. Wer anderes behaupte, sei böswillig.

So war er auch – der Mann hinter dem Mythos. So scheint er jedenfalls aus dem Spiegel meiner Forschungen und Interpretationen wider.

Nichts als ein Zerrspiegel, Herr Fack?[2]

Anmerkungen

1 Volker Hentschel, Ludwig Erhard. Ein Politikerleben, München/Landsberg 1996

2 Fritz Ullrich Fack hat meine Erhard-Biographie in der Frankfurter Allgemeinen Zeitung vom 2. Oktober 1996 auf Seite 19 unter der Überschrift »Ludwig Erhard und das Wirtschaftswunder im Zerrspiegel eines Historikers« verrissen.

Fritz Ullrich Fack

Revision oder Häme?

»Von der Parteien Haß und Gunst verwirrt, schwankt sein Charakterbild in der Geschichte«, läßt Schiller im Prolog zu Wallensteins Lager über den Feldherrn sagen. Trifft das auch auf Ludwig Erhard zu? Der 100. Geburtstag vor wenigen Wochen gab Gelegenheit, das zu prüfen. Nach Durchsicht der Artikel und Festreden ist man geneigt, das Schillerwort in seinem Fall zu modifizieren: Von der Parteien Gunst verklärt, leuchtet sein Bild in der Geschichte.

Das gilt für die großen Zeitungen des Landes, es gilt aber auch für die meisten kleineren, es gilt für die große Erhard-Reminiszenz der ARD und für die vielen Festredner. Die abwertende Biographie von Volker Hentschel mit ihren hämischen Begleittönen ist die große und unrühmliche Ausnahme geblieben. Nicht, daß Erhards Wirken nur ungeteilten Beifall gefunden hätte; das konnte niemand erwarten, und das hätte die Urteile entwertet. Zu verzeichnen war vielmehr ein hoher Respekt vor seiner Lebensleistung in gerechter Abwägung der Defizite, die niemand übersieht. Sie vermögen die Lebensleistung im allgemeinen Urteil nicht nachhaltig zu beeinträchtigen.

»Ich mag den Mann nicht. Er litt an Selbstüberschätzung, und von Wirtschaft hatte er nicht viel Ahnung«, hat Hentschel gegenüber den Redakteuren der »Mittelbadischen Zeitung« bekannt. Auf diesem soliden Fundament ruhend, fallen reihenweise seine abschätzigen Urteile. Über sie hat Nicolaus Piper in der »Zeit« – stellvertretend für viele andere Rezensenten – notiert: »Das größte Manko des Buches ist die fundamentale Voreingenommenheit des Autors gegenüber seinem Forschungsgegenstand.« Auch die traditionell Erhard-kritische »Süddeutsche Zeitung« war »von dem durchgängig sarkastisch-kritischen Tenor« des Buches nicht erbaut.

Die demoskopische Nachfrage zum 100. Geburtstag Erhards ergab, daß die Bevölkerung ihn heute in einem geradezu verklärten Licht sieht. Das ist durchaus keine Welle später, womöglich gar schuldbewußter Sympathie. In der Beliebtheitsskala deutscher Politiker stand Erhard schon zu Amtszeiten regelmäßig ganz oben, bis ungefähr ein Jahr vor dem politischen Aus als Kanzler. Noch 1965 gewann er mit einem Vorsprung von 9 Punkten (48 zu 39 Prozent Stimmanteil) die Bundestagswahl gegen den gewiß nicht leichtgewichtigen Herausforderer Willy Brandt, damals Regierender Bürgermeister von Berlin.

Diese ausdauernde Popularität läßt sich leicht erklären. Für den Mann auf der Straße war er nicht nur der Garant des wachsenden Wohlstands, sondern auch eine der tragenden Säulen des Friedens im Inneren und der wiedererworbenen Reputation Deutschlands im Ausland. Er galt als »ehrliche Haut«, unbestechlich und ein wenig professoral, als Redner, der den Horizont der Zuhörer zuweilen überschritt. Vor allem aber galt er als ein Mann, der nicht mit Wahlgeschenken um sich warf, sondern den Interessengruppen sichtbar die Stirn bot – soweit sein Kanzler ihm dabei nicht in den Arm fiel. Er vertrat oft genug eigene und, wie es schien, theoretisch fundierte Standpunkte, die ihm Profil gaben. Wirtschaftspolitisch wies er souverän die Richtung. Er war also nicht einer jener vielen konturlosen Politprofis, die sich wegducken, im Mainstream schwimmen und auf das Handzeichen des Fraktionsführers warten.

Schon zu Erhards Lebzeiten gab es, vorwiegend im »Industriekurier«, hämische Kommentare und nicht minder hämische Karikaturen, die ihn entweder als »Gummilöwen« oder als Bahnmeister darstellten, dessen einzige Großtat darin bestanden habe, 1948 die Weiche in Richtung Marktwirtschaft zu stellen. In Wahrheit hat er die Soziale Marktwirtschaft nicht nur aus der Taufe gehoben, sondern auch großgezogen und gegen vielerlei Widerstände verteidigt.

Es war eine Zeit ständiger Kämpfe um mehr wirtschaftliche Freiheit nach innen und außen, ein Kampf gegen Kartelle und Monopole, gegen fixierte Mieten und Versicherungsprämien, gegen das Zinskartell der Banken und die Leitungsmonopole der Versorgungswirtschaft, ein Kampf um niedrigere Außenzölle und höhere Importkontingente für »neuralgische Waren«, ein Kampf um den erleichterten Marktzutritt für neue Energieträger wie Öl und Erdgas, ein Kampf schließlich – Gerechtigkeit übend – für die Außenseiter auf dem Mineralölmarkt und für die freien Tankstellen.

Damals prallten die Interessengegensätze noch ungehemmt aufeinander, der Arbeit von Lobbyisten und Verbandsvertretern waren ganze Bibliotheken gewidmet. Der »Verbändestaat« war ein gängiger Begriff und Verbandsmacht kein leerer Wahn. Mit stiller Rückendeckung des Kanzlers warf sich der damalige Präsident des Bundesverbandes der Deutschen Industrie, Fritz Berg, auf einer Pressekonferenz in Bonn am 29. September 1960 mit dem Diktum in die Brust: »Ich brauche nur einmal zum Kanzler zu gehen, und die ganze Aufwertung (der D-Mark) ist endgültig vom Tisch.« Hermann Josef Abs, der neben ihm saß, schwieg betreten. Den Tenor der Forderung »Schluß mit dem Aufwertungsgerede!« unterstützte er durchaus. Er hätte es jedoch sicherlich vorgezogen, wenn das Anliegen etwas zivilisierter vorgetragen worden wäre.

Erhard stand in diesen Kämpfen oft allein, auch in der eigenen Partei. Das erklärt, warum er seinen politischen Willen häufig nur begrenzt durchsetzen konnte oder sogar einlenken mußte. Adenauer dachte vorwiegend in politischen Kategorien, das hieß für ihn Machterhaltung mit allen Mitteln. Mit seiner Billigung wurden damals im Parlament »Kuchenausschüsse« eingesetzt, die ungehemmt Wahlgeschenke verteilten. Erhard hielt dies nicht nur für verantwortungslos, sondern auch für unmoralisch, weil es dem Volk unterstelle, korrupt zu sein. Wenn er Adenauer darauf ansprach, blickte ihn dieser nur erstaunt an und fragte, ob Erhard diese Ansicht etwa nicht teile.

Hervorzuheben ist die Institutionentreue Erhards. Ohne ihn hätte die Bundesbank nicht die unabhängige Stellung erhalten, die sie auszeichnet und die eines der tragenden Prinzipien des Grundgesetzes verwirklicht, nämlich Kontrollen und Gegengewichte zu schaffen, wo immer dies möglich ist. Adenauer war hingegen dafür, der Regierung einen möglichst starken Einfluß auf die Geld- und Kreditpolitik zu verschaffen. Erhard mußte im Sommer 1957 damit drohen, nicht wieder zu kandidieren, damit der Bundestag das Bundesbank- und das Kartellgesetz beschloß.

Erhard soll hier nicht kanonisiert werden. Seine ablehnende Haltung gegen die Europäische Wirtschaftsgemeinschaft und gegen die große Rentenreform (dynamische Rente), seine nicht unbegründeten, aber übertriebenen Vorbehalte gegen Frankreich, das Einzelgängertum und das Fehlen einer politischen Hausmacht, seine mitunter zwiespältige Haltung und die psychische Fixierung auf den Übervater Adenauer, die vergebliche Hoffnung, sich mit ihm arrangieren zu können: Das alles hat selbst wohlmeinende Zeitgenossen schon irritiert, manchmal sogar enerviert. Auch diese Aspekte gehören zum Bild, was jedoch nicht bedeutet, daß das Bild neu zu entwerfen wäre.

Sein Ende als Kanzler, Folge des Zusammenwirkens von ökonomischen und politischen Faktoren, war nicht viel dramatischer als das von Helmut Schmidt. Beide sind bei gleichzeitig herrschender wirtschaftlicher Flaute an parteiinternen Kontroversen gescheitert – der eine als »Atlantiker«, der andere als Befürworter der Nachrüstung. Ich möchte damit der These Hentschels entgegentreten, Erhard sei das unvermeidliche Opfer seiner persönlichen und politischen Unfähigkeit geworden. Diese Betrachtungsweise erscheint mir zu simpel.

Erhard mag allzusehr Moralist und Ireniker gewesen sein, wie Alfred Müller-Armack gelegentlich anmerkte. Er haßte politische Winkelzüge und war konfliktscheu, wenn die Streitsache nicht einen besonderen Wert in sich trug. Diese Haltung ehrt ihn in meinen Augen, und so sahen es auch die meisten seiner Zeitgenossen. Er handelte nach Grundsätzen und benannte ungeniert die verletzten Prinzipien, wenn ihn der politische Tageskampf zu Konzessionen zwang.

Der Maler Kokoschka sagte einmal über Erhard, er habe im zerstörten Deutschland aus Bettlern Menschen gemacht – eine wunderschöne Formel und eine treffende Beobachtung. In diesen Tagen hat der »Kölner Stadtanzeiger« das Kompliment wieder aufgegriffen. Er schrieb, Erhard sei die eigentliche Vaterfigur im deprimierten Nachkriegsdeutschland gewesen, die den Menschen nicht nur zu Brot, sondern auch zu neuer Selbstachtung verholfen habe. Das trifft den Kern seines Wirkens und verdeutlicht den tieferen Grund seiner anhaltenden Popularität.

Heute, in der Zeit der Jahressteuergesetze und des unentschlossenen Gezerres um unausgegorene Reformen, kann man Erhard aufgrund seiner wirtschaftspolitischen Einsichten und seinen ordnungspolitischen Grundsätzen mit Hans-Peter Schwarz tatsächlich als großen Unzeitgemäßen bezeichnen. Vor der Geschichte bleibt er nach meinem Dafürhalten einer der aufrechtesten Verfechter des bonum commune, den dieses Land in jüngerer Zeit hervorgebracht hat.

Diskussion

Fritz Ullrich Fack

Das Buch von Volker Hentschel beeindruckt zunächst wegen der Fülle des Materials und der flüssigen Darstellung. Dieser Eindruck wird geschmälert durch die Voreingenommenheit, die das ganze Buch überschattet. Die Zahl der Schmähungen, die gegenüber Ludwig Erhard vorgebracht werden, ist legendär. Bereits auf Seite 38 wird der Ton angeschlagen, der das ganze Buch durchzieht. An einem Bandwurmsatz von 14 Zeilen läßt sich dies – auszugsweise zitiert – eindrucksvoll nachweisen: »Es war eine Karriere, die einerseits nur unter den außergewöhnlichen Umständen der Zeit, ihren historisch-politischen Wünschen und Verwerfungen, ihren institutionellen Form- und Regellosigkeiten, ihren politisch-moralischen Marasmen und ihren ökonomisch-sozialen Notlagen, Unordnungen und Verzweiflung möglich war und die andererseits nur von einem Menschen mit den in ihrem Zusammenhang raren Eigenschaften Ludwig Erhards gemacht werden konnte, mit der Selbstgewißheit und auch Selbstüberschätzung, die ihn Ämter übernehmen ließ, für die sich andere nicht fanden, mit der Bereitschaft, alten Überzeugungen eilig abzuschwören und volltönend und auch gläubig zu vertreten, als hätte es andere nie gegeben, mit der Fähigkeit, sich von Problemen nicht schrecken, von Widerständen nicht anfechten, von Mißerfolgen nicht beirren zu lassen und – wenn nötig – sein ideologisch-politisches Mäntelchen richtig in den Wind zu hängen, mit seinen rhetorischen Gaben weiterhin und schließlich mit seinem begnadeten Talent zum Populismus, das ihn dazu vermochte, Zuversicht als Tatkraft, Repräsentieren als Machen und die Gunst der Umstände als persönlichen Erfolg erscheinen zu lassen.«

Nach Auffassung von Volker Hentschel ist die Erfolgsgeschichte der Sozialen Marktwirtschaft eine Folge von Zufällen, Umständen und Verhaltensweisen. Einige Schmähungen in diesem Buch lassen die Einstellung des Autors gegenüber seinem Forschungsobjekt deutlich werden. Demnach taugte Erhard nicht zu wissenschaftlicher Arbeit. Er war kein wissenschaftlicher Sozialökonom. Er hatte einen Unfehlbarkeitsdünkel. Er litt an dauernder Selbstüberschätzung. Er hatte von der Wirtschaft keine Ahnung und war der verständlichen Sprache kaum mächtig. Er redete „ahnungs- und besinnungslos“ drauf los. Er wollte gern ein großer Mann sein, wurde es aber nie.

Die Reden, Aufsätze, Denkschriften und Briefe, auch und insbesondere die Briefwechsel mit Konrad Adenauer 1956, sprechen eine andere Sprache: Erhard wußte sich sehr gut zu wehren. Doch dies interessiert Volker Hentschel nicht. Adenauer als Machtmensch imponiert dem Autor ungemein. Die Handlungsziele sind für ihn irrelevant. Daß Erhard sich im Gegensatz zu Adenauer gegen Interesseneinflüsse ständig gewehrt hat, daß Erhard verfassungs- und institutionentreu war, spielt in der Beurteilung Hentschels keine Rolle. Daß Erhard für die Unabhängigkeit der Bundesbank vehement eintrat und das Gesetz 1957 mit einer Rücktritts- und Nichtkandidierungsdrohung durchsetzte, zeichnet ihn auch als einen Politiker aus, der durchaus den Kampf suchte. Hierzu gehört auch Erhards Kampf um das Kartellgesetz. In der Diskussion der sieben Entwürfe war Erhard derjenige, der für das Ordnungssystem der Marktwirtschaft und für den Schutz der Schwächeren gesorgt hat. Soll dies alles keine Rolle spielen?

Volker Hentschel
Ich möchte herausfinden, ob Erhard der große Gestalter, der Verantwortliche für das Wirtschaftswunder war, als der er gewöhnlich dargestellt wird. Fritz Ullrich Fack geht es mehr um Gesinnung, Grundsätze und Anständigkeit. Anständigkeit und Verfassungstreue sollten nach meiner Auffassung keine Kriterien sein, die Politiker aus anderen herausheben, sie sollten selbstverständlich sein.

Fritz Ullrich Fack
Die Unabhängigkeit der Bundesbank zu schaffen, war ein großes und wichtiges Ziel in Erhards Politik. Adenauer stand dem entgegen, da er Einfluß auf die Kreditpolitik nehmen wollte.

Volker Hentschel
Das will Adenauer 1950 am Anfang der Diskussion um das Bundesbankgesetz. 1951 ist diese Frage weitgehend mit der Verkündung des Vorschaltgesetzes ausgestanden. Seitdem ist die Unabhängigkeit der Bundesbank bezogen auf die Weisungsbefugnis der Bundesregierung geklärt und niemals wirklich angefochten worden.

Fritz Ullrich Fack
Adenauer gab sich damit nicht zufrieden. Er wollte ausdrücklich auch die Bundesbank in die parlamentarische Kontrolle einbeziehen.

Volker Hentschel
Über die demokratische Kontrolle einer wichtigen wirtschaftspolitisch gestaltenden Institution hat es umfängliche öffentliche und wissenschaftliche Diskussionen gegeben. Adenauer vertrat in dieser Frage keine abstruse Position.

Auch Erhard war nicht frei von dem Wunsch, die Bundesbank politischem Willen zu unterwerfen. Sicherlich war er nie versucht, die Bundesbank Weisungen der Bundesregierung zu unterwerfen. Doch hat er eine Menge Anstrengungen unternommen, sich auf Formulierungen eingelassen und diese mit seiner Person gedeckt, die darauf hinausliefen, der Bundesregierung einen wesentlichen Einfluß auf die Zusammensetzung des Leitungsgremiums der Bank zu sichern.

Fritz Ullrich Fack
Wenn Ludwig Erhard sich darauf eingelassen hätte, die Unabhängigkeit der Bundesbank nicht in vollem Umfang zu gewährleisten, wäre das Gesetz 1952/53 vor Ende der Legislaturperiode des Deutschen Bundestages verabschiedet worden. Dem verweigerte sich Ludwig Erhard jedoch, und zwar aus prinzipiellen Gründen. Das Gesetz wurde schließlich so spät in den Bundestag eingebracht, daß in der 1. Legislaturperiode keine Zeit mehr zur Verabschiedung blieb.

Volker Hentschel ist jedoch der Auffassung, daß Ludwig Erhard zur wirtschaftlichen Entwicklung in der Bundesrepublik Deutschland nichts beigetragen habe. Lediglich die Weichen habe er gestellt. Dann habe sich die Ordnung im westlichen Teil Deutschlands selbst entwickelt.

Volker Hentschel
Ich bestreite nicht, daß der Übergang zur Marktwirtschaft im Juni 1948 wichtig und richtig war. Er war die notwendige Voraussetzung für das Wirtschaftswunder, jedoch keine hinreichende Voraussetzung, da eine Menge zusätzlicher Faktoren hinzukommen mußte. Wären diese nicht hinzugekommen, wäre die Marktwirtschaftsreform wahrscheinlich ebenso ins Leere gelaufen, wie sie 1989/90 in der ehemaligen DDR ins Leere lief.

Fritz Ullrich Fack
Volker Hentschel behauptet in seinem Buch, daß Ludwig Erhard seit 1955 keinen Antrieb zur Gestaltung mehr gehabt habe, vielmehr Abwarten und Abwehr im Mittelpunkt seiner Politik standen. Ludwig Erhard sei 1958 bereits am Ende seines politischen Weges angelangt. Der Höhepunkt seiner politischen Laufbahn habe bereits hinter ihm gelegen. Daß er 1963 Bundeskanzler wurde, darf an dieser Stelle in Erinnerung gerufen werden.

Im Jahr 1956 kam es zum Kampf um die Stabilitätspolitik, die Zollsenkungen und zum Streit um den »Juliusturm«. Dann kam die Gürzenich-Affäre, die vielen Briefwechsel mit Adenauer, dann die Suez-Krise, bei der bereits die Rationierung von Treibstoff für die Wirtschaft gefordert wurde. Erhard setzte sich entschieden zur Wehr, in Deutschland gab es keine Treibstoffbewirtschaftung. 1957 wurde das Kartellgesetz verabschiedet, ebenso das Bundesbankgesetz. Wenig später geriet die Ruhr in eine Krise mit Überproduktion und Zechenstillegungen, es folgten Einschränkungen in der Mineralölproduktion, da deren Einfuhr liberalisiert worden war.

Nach der Bundestagswahl 1957 wurde Erhard Vizekanzler, am 1. Januar 1958 wurde das Bundeskartellamt nach heftigen personellen Querelen eröffnet. 1959 wurden die Gas- und Wasserpreise freigegeben. Bis die Marktwirtschaft wirklich funktionieren konnte, war eine lange Zeit vorübergegangen. Die kleine Aktienrechtsreform schuf u. a. die Belegschaftsaktien. 1960 hatte Erhard den Kampf um die Aufwertung zu bestehen. Im Januar 1961 wurden 1,5 Millionen Menschen Aktieninhaber durch die VW-Privatisierung. Am 1. September 1961 trat das Außenwirtschaftsgesetz in Kraft, am 10. Juli das Kreditwesengesetz, das zum ersten Mal die unterschreitbaren Sollzinsen brachte. 1962 folgten verschiedene Konjunkturdämpfungsprogramme. Erhards Leistung besteht auch darin, eine feste Währungsordnung geschaffen zu haben, in der schließlich die Konvertibilität der Währungen in Europa zur Jahreswende 1958/59 durchgesetzt werden konnte.

Andere Länder mit anderen Wirtschaftsordnungen, z. B. die Engländer, hatten mit der Sozialisierung nach dem Zweiten Weltkrieg Probleme, die zu hohen Verlusten und strenger Devisenbewirtschaftung über viele Jahre führten.

Volker Hentschel
Die Konvertibilität, die zum 1. Januar 1959 eingeführt wurde, ist doch kein Verdienst von Ludwig Erhard. Er hat sich nach Verabschiedung des europäischen Währungsabkommens mit dem Thema Konvertibilität und deren Einführung kaum mehr abgegeben. Im übrigen war der Weg in die Konvertierbarkeit ein gradueller Vorgang. Die politische Entscheidung war nur noch der Nachvollzug dessen, was sich praktisch bereits vollzogen hatte.

Fritz Ullrich Fack
Im Gegensatz zu anderen Ländern hat die Bundesrepublik eine strukturell andere Wirtschaftsordnung erhalten. Diese Ordnung ist weitgehend ein Erfolg der Bürger, aber auch dessen, der diese Ordnung konstruiert hat.

Volker Hentschel
Dem kann ich zustimmen. Zur Debatte steht jedoch, was Ludwig Erhard für diese Ordnung getan hat und in welchem Umfang er hierfür verantwortlich ist. Viele tun so, als habe es in Deutschland Ende der vierziger und Anfang der fünfziger Jahre nur eingefleischte Plan- und Verwaltungswirtschaftler gegeben. Erhard sei der einzige Turm in der Brandung gewesen, an dem sich die planwirtschaftlichen Absichten brachen. Das ist schlechterdings nicht richtig. Erhard war einer unter anderen.

Fritz Ullrich Fack
Erhard hat die neue Wirtschaftsordnung nach dem Krieg nicht nur begründet, er hat sie auch gestaltet. Er war couragiert genug, sich auch in Tarifauseinandersetzungen einzumischen, wenn ihm dies um der Stabilität willen nötig schien. Im Frühjahr 1965 gab es einen massiven Konflikt in der Metallindustrie, bei dem die mächtige IG Metall mit Otto Brenner an der Spitze acht Prozent Lohnerhöhungen verlangte und kurz vor der Ausrufung eines Streiks stand. Erhard

lud beide Tarifpartner nach Bonn ein. In neun Verhandlungsstunden makelte er ein achtbares Ergebnis heraus: vier Prozent Lohnerhöhung. Das würde heute kein Minister mehr machen.

Volker Hentschel
Diese Tatsachen bestreite ich nicht. Ich stelle Erhard bekanntlich auch nicht vollends negativ dar. Ich will zeigen, daß er kein Ausnahmepolitiker war, nicht der Vater der Sozialen Marktwirtschaft und des Wirtschaftswunders.

Fritz Ullrich Fack
Genau dies war aber der Eindruck des »kleinen Mannes«.

Volker Hentschel
Wir müssen uns doch nicht die Eindrücke der breiten Bevölkerung aneignen, sie hat viele Eindrücke, die man nicht unbedingt teilen muß. Wenn Erhards Eindruck auf die Öffentlichkeit so positiv war, muß er dennoch kein Ausnahmepolitiker gewesen sein. Erhard verstand es, populistisch zu formulieren und zu agieren. Anderenfalls wäre er nie Bundeskanzler geworden. Dieses Amt konnte er nur antreten, weil er so populär war und die Wählerstimmen auf sich vereinigen konnte.

Wilfried Herz
Interessiert es Sie, Herr Fack, überhaupt nicht, daß Ludwig Erhard erst relativ spät zu seinen ordnungspolitischen Vorstellungen gefunden hat, wie Volker Hentschel formuliert?

Fritz Ullrich Fack
Dies ist eine der Unbegreiflichkeiten, die den Anfang des Buches von Hentschel durchziehen. Der Autor beruft sich auf Literatur aus der späten Weimarer Republik. Erhard schreibt hingegen in seiner Denkschrift von 1944 mehrfach von »demokratischen Regierungen«, die es in Weimar gegeben habe. Diese Denkschrift geht davon aus, daß Deutschland im Krieg eine Niederlage erleiden werde. Dies 1944 aufzuschreiben, zeugt vom Mut dieses Mannes, er beweist hierin hohe Zivilcourage. In der Denkschrift hat er sich deutlich für eine liberale Wirtschaftsform eingesetzt. Oft und eindringlich hat Erhard davor gewarnt, an den planwirtschaftlichen Prinzipien festzuhalten. Bei seinen Forderungen nach staatlichen Eingriffen in die Nach-

kriegswirtschaft handelt es sich vorwiegend um währungs-, finanz- und kreditpolitische Entscheidungen. Wegen der materiellen Notlage seien in der Übergangszeit gewisse Lenkungsmaßnahmen erforderlich. Sein erstrebenswertes Ziel bleibt aber in jedem Fall die freie, auf echtem Leistungswettbewerb beruhende Marktwirtschaft.

Volker Hentschel
Wenn dem so war, dann hat Erhard es vor 1947 jedenfalls nicht gesagt. Gesagt hat er, daß Marktwirtschaft auch in Zukunft nicht in Frage komme, weil sie desavouiert sei. Man brauche auch künftig den Staat als Lenker der Wirtschaft. Der Staat sei in der Lage, alle wirtschaftlichen Probleme mit sicherer Hand zu lösen.

Und was den Mut angeht: Die Denkschrift wird im Auftrag der Reichsgruppe Industrie geschrieben. Die Reichsgruppe war wahrlich kein nazifeindliches Institut. Die Denkschrift ging an das Reichswirtschaftsministerium und wurde von Staatssekretär Ohlendorf, der zugleich hoher SS-Führer war, gelesen. Erhard spricht mit ihm auch über seine Denkschrift. Die Angelegenheit kann also nicht so dargestellt werden, als handele es sich um eine Begebenheit, die außerordentlichen Mut voraussetze.

Fritz Ullrich Fack
Staatssekretär Ohlendorf hat Ludwig Erhard einmal empfangen, ein zweites Mal bereits nicht mehr, nachdem er die Denkschrift gelesen hatte. Theodor Eschenburg hat Erhards Denkschrift 1944 bei Karl Guth in Berlin gelesen. Die Kurzfassung war noch wesentlich zugespitzter als die Langfassung. Die Denkschrift ging von der Niederlage des Reiches aus. Theodor Eschenburg war gewiß kein ängstlicher Mann, doch hat er diese Denkschrift keine Stunde in der Hand behalten. Er hat sie gelesen und war entsetzt über deren Inhalt. Er hat sie Erhard noch am selben Abend zurückgegeben.

Volker Hentschel
So beschreibt Theodor Eschenburg 1972 eine Angelegenheit, die beinahe 30 Jahre zurücklag. Ob Eschenburgs Erinnerung in vollem Umfang mit den Tatsachen übereinstimmte, ist heute nicht mehr zu prüfen. Ein außerordentlich gefährliches Produkt kann diese Denkschrift nicht gewesen sein. Sie wurde in erheblicher Anzahl gedruckt und einer Vielzahl von Menschen zugänglich gemacht, die sie gegen Erhard hätten verwenden können. Sie kursierte im

Ohne Titel, ohne Jahr, Klaus Pielert

Reichswirtschaftsministerium und wurde dort debattiert. Wo bleibt da die Gefahr für Leib und Leben Erhards?

Fritz Ullrich Fack
Staatssekretär Ohlendorf war ein wichtiger Mann in der Hierarchie, der einen hohen Rang in der SS hatte.

Volker Hentschel
Andererseits schrieb Erhard 1944 seiner Tochter, als er Gefahr lief, eingezogen zu werden, er habe keine Bedenken, tatsächlich eingezogen zu werden, da seine Arbeit kriegswirtschaftlich so wichtig sei, daß er vom Reichswirtschaftsministerium freigestellt werde.

Fritz Ullrich Fack
Nach meiner Auffassung hätte diese Denkschrift ausgereicht, Erhard vor ein Gericht zu stellen.

Wilfried Herz
In dieser Frage sind die beiden Positionen hinreichend deutlich geworden. Wenn die Politik die Kunst des Möglichen ist, erwartet man von einem Wirtschaftspolitiker nicht zuviel, die gesamten Umstände in die Überlegungen einzubeziehen?

Volker Hentschel
Die Erwartungen, die ich in Wirtschaftspolitiker setze, sind höchst bescheiden. Sie sind besscheiden, weil ich weiß, daß die Wirtschaft sich politisch nur außerordentlich schwer, in vielerlei Hinsicht gar nicht bearbeiten läßt. Ich setze auch in Erhard keine unbilligen Erwartungen. Dementsprechend billige ich ihm allerdings auch nicht die außerordentliche Gestaltungskraft zu, die er sich selbst immer wieder zugesprochen hat und die ihm auch viele andere offensichtlich gern zugestehen. Wenn Wirtschaft sich politisch nur in geringem Umfang beeinflussen läßt, dann können auch die Spuren, die ein Wirtschaftspolitiker in der wirtschaftlichen Entwicklung hinterläßt, nur gering sein. Erhards Gestaltungsmöglichkeiten vergrößerten sich nicht dadurch, daß er immer wieder gesagt hat, er sei für das Schicksal der deutschen Wirtschaft verantwortlich, er lenke die Geschicke der deutschen Wirtschaft usw.

Fritz Ullrich Fack
Warum hat Volker Hentschel nicht einen einzigen Zeitzeugen im Zusammenhang mit der Abfassung seines Buches angehört? Ungezählte kompetente Zeitzeugen hätten zur Verfügung gestanden. Diese Möglichkeiten hat der Autor jedoch nicht genutzt.

Volker Hentschel
Dies berührt die grundsätzliche Frage, wie die Quellenqualität von Zeitzeugenaussagen einzuordnen ist. Bei der Lektüre vieler Erinnerungen und Publikationen, in denen Zeitzeugen zu Wort kommen, habe ich den Eindruck gewonnen, daß das Erinnerungsvermögen von Zeitzeugen außerordentlich unsicher ist und sehr irreführend sein kann. Aus diesen Gründen habe ich auf Zeitzeugeninterviews verzichtet. Außerdem ist das Dokumenten- und Quellenmaterial so breit und aussagefähig, daß ich diese Interviews nicht für nötig hielt.

Fritz Ullrich Fack
Andere Autoren haben hingegen sehr viele Zeitzeugen befragt, um auch diese Quellen in die Bewertung einbeziehen zu können.

Otto Schlecht
Ich halte es für ein Manko, daß Volker Hentschel nicht mit Zeitzeugen gesprochen hat. Ich bin einer und weiß aus der Zusammenarbeit mit dem Minister: Einer einmaligen historischen Persönlichkeit wie Ludwig Erhard ist nicht gerecht zu werden nur anhand der zur Verfügung stehenden Akten. Die Persönlichkeit und die Erfahrungen mit der Person, mit dem großen Kommunikator Erhard sind wesentliche Beurteilungskriterien. Ludwig Erhard hat Wirtschaftspolitik personifiziert und dies seinen Mitarbeitern im Wirtschaftsministerium vermittelt. Sie wären für ihren Chef und Meister durch das Feuer gegangen. In vielen Besprechungen im Wirtschaftsministerium habe ich selber erlebt, wie allgegenwärtig der Minister war. Alle verantwortlichen Mitarbeiter vertraten die Position von Ludwig Erhard. Wir konnten dies in Ressortbesprechungen mit Überzeugung tun, ohne ihn vorher fragen zu müssen.

Im Buch von Volker Hentschel kommen hingegen das Ministerium und die Mitarbeiter des Ministers überhaupt nicht vor. Der größte Mangel dieser Publikation ist neben der Voreingenommenheit und Häme der Verzicht auf Zeitzeugengespräche. Nur so hätte die einmalige Persönlichkeitsstruktur dieses Ministers und Kanzlers ausreichend gewürdigt werden können.

Volker Hentschel
Wenn Biographien nur über Personen geschrieben werden dürften, über die man Zeitzeugen befragen kann, dann schlösse das

Biographien von allen Persönlichkeiten aus, die vor mehr als – sagen wir – 50 Jahren gestorben sind. Das kann im Ernst keiner meinen. Historiker sind darauf angewiesen, aus den dokumentarischen Quellen zu schöpfen und diese auszuwerten. Ich hätte Zeitzeugen befragen können, dies ist unbestreitbar. Ich habe mich mit guten Gründen dagegen entschieden. Das ist methodisch vertretbar und mir nicht vorzuwerfen. Jedenfalls akzeptiere ich den Vorwurf nicht.

Zum Vorwurf der Voreingenommenheit: Voreingenommen wäre ich gewesen, wenn ich bei Aufnahme der Forschungsarbeiten das Ziel gehabt hätte, den Mythos Erhard zu zerstören. Das war nicht der Fall. Als ich 1987 mit den Forschungsarbeiten begann, hatte ich die Absicht, einen Mann darzustellen, der wichtig ist und Bedeutsames bewirkt hat. Erst während des Aktenstudiums wurde mir deutlich, daß dieses Urteil aufgrund der Aktenlage nicht aufrechtzuerhalten war. Gern gebe ich jedoch zu, daß mir die Persönlichkeit dieses Mannes fernliegt.

Fritz Ullrich Fack
Warum wurden die Leistungen beim Kreditwesengesetz nicht dargelegt?

Volker Hentschel
Das Kreditwesengesetz war konzeptionell nichts Neues. Außerdem hatte Erhard kaum etwas damit zu tun. In Ministerien werden zahlreiche Angelegenheiten auf der Beamtenebene geregelt, der Minister steht lediglich dahinter. Dazu war auch Ludwig Erhard, der vermeintliche Wundermann, nicht unbedingt nötig.

Wilfried Herz
Das große Interesse an Ludwig Erhard und seinen Leistungen steht nicht nur im Zusammenhang mit seinem 100. Geburtstag, sondern auch mit seiner Popularität in der Bevölkerung. Viele erinnern sich in der derzeitigen wirtschaftlichen Lage an den Wirtschaftsminister, der für das Wirtschaftswunder steht. Sind heute für die gegenwärtige Situation Lehren aus dem Wirken von Ludwig Erhard zu ziehen?

Volker Hentschel
Ich sehe keine, sondern halte diese Erwartung für rückwärtsge-

wandten Problemlösungsoptimismus und eine Zubilligung von Problemlösungskapazitäten, die Erhard nicht hatte. Eines der großen Probleme ist das des Haushaltes, über das Erhard 1966 u. a. gestürzt ist. Mit Arbeitslosigkeit ist Erhard einmal, 1949/50, konfrontiert gewesen. Lösungen konnte er nicht anbieten, er ließ sich schließlich von den Amerikanern mit Unterstützung der SPD zu einem Arbeitsbeschaffungsprogramm drängen.

Fritz Ullrich Fack
Ludwig Erhard würde, wenn man ihn heute gefragt hätte, wahrscheinlich die hohe Staatsquote von 51 % rügen. Dies ist auch ein wesentlicher Ausgangspunkt für die Summe von Unzuträglichkeiten, die sich in den letzten Jahren angesammelt hat und schließlich für Arbeitslosigkeit und Schwierigkeiten im sozialen System verantwortlich ist.

Volker Hentschel
Ich halte es nicht für wichtig, was Ludwig Erhard rügen würde, sondern ich frage mich, was er tun würde. Betrachte ich seine Handlungen 1965/66, bin ich der festen Überzeugung, daß er kein Mittel gegen diese hohe Staatsquote und Verschuldung einzusetzen wüßte.

Werbung der Dresdner Bank, 1997

Eröffnung der Wechselausstellung »Markt oder Plan. Wirtschaftsordnungen in Deutschland 1945–1961«

Günter Rexrodt

Markt- oder Planwirtschaft?

Wirtschaftsordnungen sind keine blutleeren Konstrukte, keine grauen Theorien. Im Gegenteil: Sie beeinflussen nachhaltig das Denken und Fühlen der Menschen, ganze Lebensplanungen und -perspektiven.

Die unterschiedlichen Antworten auf die Fragen »Markt oder Plan?« haben nach dem Zweiten Weltkrieg auf deutschem Boden zwei höchst unterschiedliche Gemeinwesen entstehen lassen. Jetzt wachsen die beiden Hälften wieder zusammen in einem Prozeß, der bisweilen schmerzhaft ist. Auch aus diesem Grund ist es wichtig, sich der Ursprünge zu erinnern. Die Auswirkungen der Wirtschaftssysteme in Ost und West auf die Menschen darzustellen, ist ein besonderes Anliegen dieser Ausstellung des Hauses der Geschichte.

Viele Menschen haben die unmittelbare Nachkriegszeit selbst miterlebt. Einige können als Zeitzeugen ihre persönlichen Eindrücke und Erfahrungen vermitteln. Sie haben die Ausgangssituation für den Wiederaufbau noch in Erinnerung:

- Ein weitgehend zerstörter Produktionsapparat in beiden Teilen Deutschlands.
- Riesige Ruinenfelder insbesondere in den Wohngebieten der Großstädte.
- Demontagen von Industrieanlagen in großem Stil.
- Versorgungsengpässe selbst bei Gütern des Grundbedarfs.
- 10 Millionen Flüchtlinge und Vertriebene.
- Eine florierende Schattenwirtschaft, mit Zigaretten- und sonstigen Ersatzwährungen.
- Bezugsscheinsysteme, Preis- und Lohnstopps, Produktionsverbote.
- Kontrollen der Einfuhren und Ausfuhren.

- Ein international isoliertes Land, das seit dem 5. Juni 1945 vom »Alliierten Kontrollrat« verwaltet wurde.

In ganz Deutschland wurde der Mangel verwaltet, die Planer schwangen das Zepter der Wirtschaftslenkung. Es war überhaupt noch nicht entschieden, in welche Richtung sich die Wirtschaftsordnungen in der Sowjetischen Besatzungszone und in den Westzonen entwickeln würden.

An Konzepten fehlte es nicht: So diskutierte man über die Soziale Marktwirtschaft, deren wissenschaftliche Grundlagen in den 30er und 40er Jahren gelegt worden waren. Man diskutierte aber auch über Konzeptionen wie die des »Freiheitlichen Sozialismus«, und zwar im Osten wie im Westen. Gemeinsam war diesen Ansätzen die Überzeugung, daß Wirtschaft und Gesellschaft grundlegend neu geordnet werden mußten. Diametral entgegengesetzt waren jedoch das jeweilige Menschenbild und die Vorstellungen darüber, wie Wirtschaft und Gesellschaft am besten funktionieren. Diese unterschiedlichen Ansätze hatten schon bald tiefgreifende Konsequenzen. Die Lebensumstände der Menschen in Ost und West entwickelten sich auseinander.

Der Osten schlug die sozialistische Marschrichtung ein:

Die hohen Ideale des Sozialismus führten nur zu bald – um mit Friedrich von Hayek zu sprechen – auf den »Weg zur Knechtschaft«. Das zeigten schon die ersten Maßnahmen der Sowjetischen Militäradministration:

- Entschädigungsloser Einzug des Bankvermögens mit dem »Befehl Nr. 1« noch vor Kriegsende im April 1945.
- Aufbau der Deutschen Zentralverwaltungen als Planungsbehörden im Juli 1945.
- Groß angelegte entschädigungslose Enteignungen in der Landwirtschaft durch die sogenannte »Bodenreform« im September 1945.
- Beschlagnahmung und Verstaatlichung von mehr als 10 000 Unternehmen noch im Oktober 1945.

Auf diesen Anfängen einer planwirtschaftlichen Ordnung baute die spätere DDR auf. Das Ergebnis war:

- Nahezu vollständige Abschaffung des privaten Unternehmertums.
- Staatliche administrierte Preissetzung.

- Festschreibung der »Tonnenideologie« in den Fünf- und später Siebenjahresplänen.
- Verdrängung leistungsorientierter Lohn- und Gehaltssysteme.
- Integration in den »Rat für Gegenseitige Wirtschaftshilfe«, bei gleichzeitiger Abschottung gegenüber dem Westen.

Viele Menschen in der DDR leisteten unter den gegebenen Bedingungen gute und verantwortungsvolle Arbeit. Die DDR-Wirtschaft nahm im »Rat für Gegenseitige Wirtschaftshilfe« eine Spitzenposition ein: Sie wurde zum »Rolls Royce« innerhalb des sozialistischen Lagers. Erst nach der Vereinigung wurde deutlich, wie es um den Zustand der DDR-Volkswirtschaft wirklich bestellt war. Ursprünglich hatte man das Volksvermögen auf eine Billion DM geschätzt. Statt dessen schloß die Bilanz mit fast 300 Milliarden DM Defizit.

Im westlichen Teil Deutschlands ging man den Weg zur Sozialen Marktwirtschaft:

Die Währungsreform und die Aufhebung des Zwangssystems der Bewirtschaftung im Juni 1948 waren die ersten ordnungspolitischen Meilensteine. Sie sind untrennbar mit dem Namen Ludwig Erhards verbunden, dessen 100. Geburtstag wir vor einigen Wochen begangen haben. Er war es, der die Soziale Marktwirtschaft letztlich aus einer Minderheitenposition und gegen planwirtschaftlichen Zeitgeist im Inland wie im Ausland durchgesetzt hat. Das ist Ludwig Erhards bleibende historische Leistung!

Er setzte auf die Grundpfeiler einer wettbewerbsorientierten Wirtschaftsordnung mit

- Privateigentum an den Produktionsmitteln,
- funktionsfähigem Wettbewerb,
- weitgehend freier Preisbildung,
- stabiler Währung,
- Integration in die Weltwirtschaft und
- sozialen Korrekturen der Marktergebnisse im Rahmen des Verteilbaren.

Mit der Verankerung dieses Ordnungskonzepts war die Arbeit noch lange nicht getan. Erhard und seine Mitstreiter waren sich der ständigen Gefahren bewußt, die der jungen Sozialen Marktwirtschaft drohten:

- Es galt, die zunehmende staatliche Umverteilung zu begrenzen.

- Es galt, dem wachsenden Einfluß von Interessengruppen standzuhalten.
- Es galt aber vor allem, das fundamentale Prinzip des Wettbewerbs gesetzlich abzusichern.

Was heute als Grundsatz weithin akzeptiert scheint, war damals keineswegs allgemein anerkannt.

Der Kampf um das Gesetz gegen Wettbewerbsbeschränkungen war im Gegenteil lang und zäh. Das marktwirtschaftliche Ordnungsprinzip stand gegen Unternehmerinteressen. Aber Ludwig Erhard setzte sich durch. Das Kartellgesetz wurde zum Grundgesetz der Marktwirtschaft und zu einem Fundament ihres Erfolgs.

Ludwig Erhard hat sich gegen vielfältige Widerstände durchsetzen müssen. Aber er hatte auf dem Weg in die Marktwirtschaft auch starke Verbündete. Stellvertretend dafür steht die Marshallplanhilfe der amerikanischen Besatzungsmacht. Mit dem »Europazug« trugen die Amerikaner die Botschaft durchs Land, die George C. Marshall in seiner epochalen Rede vor Studenten der Harvard-Universität verkündet hatte: Das »European Recovery Program« gegen »Hunger, Armut, Verzweiflung und Chaos«, wie Marshall es damals formulierte.

Die Länder des kommunistischen Machtbereichs unter Führung der UdSSR lehnten das Hilfsangebot ab. Die Länder Westeuropas nahmen es an. Allein nach Westdeutschland flossen bis 1952 Marshallplan-Mittel in Höhe von 6 Milliarden DM. Das waren gut 4 % des Bruttoinlandsproduktes. Ohne die marktwirtschaftlichen Reformen Ludwig Erhards wären diese Gelder wirkungslos geblieben. So aber haben sie den Neuanfang in Westdeutschland wesentlich unterstützt. Sie haben die Überwindung von Engpässen ermöglicht, insbesondere bei Devisen. Den Import wichtiger Rohstoffe, Industriewaren und Konsumgüter haben sie erleichtert.

Bis heute betreiben wir mit den Geldern aus den Gegenwertkonten erfolgreiche Wirtschaftsförderung, vor allem für kleine und mittlere Unternehmen. Das Volumen des ERP-Sondervermögens liegt heute bei stattlichen 23 Milliarden DM. Ergänzt um Kreditaufnahmen am Kapitalmarkt sind hieraus weit über 50 Milliarden DM an Förderkrediten im Umlauf, die meisten davon in den neuen Bundesländern.

Die Ausstellung schlägt eine Brücke zur Gegenwart, sie ruft in Erinnerung, was die Soziale Marktwirtschaft von jeher auszeichnet und was sie fordert:

Privatinitiative, Eigenverantwortung, Einsatzwillen, Kreativität und Leistung. Gruppenegoismen, Besitzstandswahrung und Technikfeindlichkeit helfen nicht weiter. Alle Verantwortlichen in Wirtschaft, Gesellschaft und Politik müssen ihren Teil beitragen. Allein dies ist der richtige Weg!

Nur so können wir die heutigen Herausforderungen erfolgreich bestehen:

- Die Vollendung der wirtschaftlichen Einheit von Ost- und Westdeutschland,
- die Bewältigung der Arbeitsmarktprobleme,
- die Europäische Einigung,
- die Integration Mittel- und Osteuropas in die Weltwirtschaft,
- den zunehmenden internationalen Wettbewerb.

Die Ausstellung »Markt oder Plan?« vermittelt einen bleibenden Eindruck vom Leben der Menschen in den beiden Teilen Deutschlands zwischen 1945 und 1961. Seit dem Fall des Eisernen Vorhanges fehlt uns die unmittelbare Anschauung des Versagens staatlicher Planung.

Jeder, der glaubt, unsere wirtschaftlichen Probleme ließen sich mit mehr Staat und mit mehr Wirtschaftslenkung lösen, sollte sich diese Ausstellung anschauen!

Christian Watrin

Markt oder Plan?

Nach dem Ende des Zweiten Weltkrieges standen die Menschen in Deutschland vor einer Frage, die sich so nicht in den anderen europäischen Ländern stellte. Sie konnten und mußten wählen, ob sie die schwierige Aufgabe des Neuaufbaus einer völlig kriegszerstörten Wirtschaft lieber unter den Regeln des Marktes oder des Plans, der Marktwirtschaft oder der Planwirtschaft, in Angriff nehmen wollten. Sie konnten sich nicht, wie die Bürger in anderen europäischen Staaten, damit zufriedengeben, die Kriegswirtschaft abzubauen und zur Vorkriegswirtschaft zurückzukehren. Vielmehr galt es im einen wie im anderen Falle, die überkommene nationalsozialistische Wirtschaftslenkung, die schon 1936 begonnen hatte, entweder durch die Regeln einer geläuterten Marktwirtschaft oder einer Planwirtschaft zu ersetzen.

Die politischen Diskussionen gingen in den Jahren 1945–1948 heftig hin und her. Sie orientierten sich damals noch nicht an den Grenzen der Besatzungszonen; denn auch in den westlichen Zonen stritten viele für eine Wirtschaftsordnung der staatlichen Lenkung und Steuerung des Wirtschaftsprozesses. Die Verstaatlichung von Großindustrie und Banken wurde als ebenso wesentlich erachtet wie die staatliche Kontrolle und Lenkung der Produktion. Nur schrittweise machte sich in der unmittelbaren Nachkriegszeit marktwirtschaftliches Gedankengut breit.

Es war eher eine Minderheit, die im Westen für die Marktwirtschaft eintrat. Das änderte sich für die damaligen Westzonen schlagartig mit der Währungs- und – was genauso wichtig war – der Wirtschaftsreform vom 20. bzw. 22. Juni 1948. Durch diese beiden Maßnahmen wurde nicht nur die D-Mark eingeführt, sondern im Zuge der Freigabe zahlreicher Preise wurden auch erste entscheidende Schritte in Richtung der Marktwirtschaft als Regelsystem getan.

In der ehemaligen sowjetischen Besatzungszone waren schon unmittelbar nach Kriegsende durch eine umfassende Enteignung die Weichen in Richtung auf das planwirtschaftlich-sozialistische Modell gestellt worden. Anders als in der nationalsozialistischen Zeit, in der die zentrale Wirtschaftslenkung mit dem Fortbestehen des Privateigentums an den Produktionsmitteln Hand in Hand ging, wurde eine große Sozialisierungswelle in Industrie, Handwerk und Handel ausgelöst. Durch eine Bodenreform, die vor allem die großen Güter enteignete, wurden Grund und Boden zunächst der bäuerlichen Bevölkerung zugeteilt. Die Kollektivierung der Landwirtschaft erfolgte erst später. Gleichzeitig wurde die Wirtschaftspolitik in Richtung der schrittweisen Umwandlung des überkommenen Wirtschaftslenkungssystems auf das sowjetische Modell ausgerichtet.

Deutschland zerfiel somit 1948, wirtschaftsordnungspolitisch gesehen, in zwei immer stärker auseinanderdriftende Regionen. Im westlichen Teil galten die Regeln des Marktes, im östlichen die des Plans. Was das in der Folgezeit für die Lebensumstände der Menschen, ihren Wohlstand und ihre Zufriedenheit bedeutete, das will die Ausstellung »Markt oder Plan«, deren Exponate in vergleichender Absicht angeordnet sind, ihren Besuchern verdeutlichen.

In dem Maße, in dem sich die beiden Wirtschaftsordnungen in unserem Lande herausbildeten und gegeneinander abgrenzten, wuchs verständlicherweise auch die Neigung zu Vergleichen. Diese waren bis zum Bau der Mauer im Jahre 1961 bei halbwegs offenen Grenzen relativ leicht für jedermann möglich. Man konnte sich durch Augenschein ein Bild von den Errungenschaften im Osten und vom Wohlstandswachstum im Westen machen. Ordnungspolitisch gesehen, war Deutschland von 1945 bis 1989 also eine Art soziales Großlabor. In ihm konnte studiert werden, wie das Regelsystem der Märkte und das der zentralen Planung die Leistungsbereitschaft der Menschen beflügelte oder hemmte.

Nicht unwichtig ist es in diesem Zusammenhang, sich daran zurückzuerinnern, daß nicht nur in der Anfangsphase, sondern teils noch über Jahrzehnte hinweg die Wohlstandschancen des Planmodells weit höher eingeschätzt wurden als die des Marktmodells. Es galt vielen als die humanere und gerechtere Ordnung, die gleichzeitig, weil in ihr die Menschen angeblich solidarisch handelten, auch eine höhere Lebensqualität verbürgen sollte als der sogenannte Kapitalismus mit seiner vermeintlichen Klassengesellschaft und seinem inhumanen Wettbewerbssystem. Umgekehrt aber hoben sich auf westdeutscher Seite die wiedererstandenen demokratischen Strukturen recht vorteilhaft von der kommunistischen Einparteienherrschaft ab. Ferner stellten sich schon bald nach der Wirtschafts-und Währungsreform in Westdeutschland erhebliche Fortschritte beim allgemeinen Wohlstand ein. So stieg in nur drei Jahren (1949 bis 1951) das Bruttosozialprodukt um das Dreifache, und es tat sich bald jene Wohlstandsschere zwischen Ost und West auf, die die DDR – trotz erheblicher statistischer Manipulationen – auf die hinteren Plätze verwies.

Der Wettlauf der Systeme, also von Markt und Plan, bekam erneut Auftrieb, als Chruschtschow Anfang der sechziger Jahre erklärte, im Jahre 1980 werde die Sowjetunion die USA auf breiter Front überholen. Er glaubte das mit zahlreichen Hinweisen auf die Förderung von Kohle, die Agrarproduktion, die Stahlindustrie und die Energieerzeugung belegen zu können. In allen Fällen sollten nicht nur die Planziffern, sondern auch die echten Produktionsergebnisse über den vergleichbaren Werten der Vereinigten Staaten liegen. Die DDR sah sich folglich mit ähnlichen Ansprüchen im Vergleich zur Bundesrepublik-West konfrontiert. Die Überlegenheit des sozialistischen Weges sollte sich nicht nur im Sport, sondern vor allem in der Wirtschaft erweisen.

Der eigentliche Test für die Akzeptanz oder Nichtakzeptanz von Markt oder Plan aber lag – damals wie heute – in den Händen der Bürger. Sie beurteilen letztlich aus ihrer individuellen Perspektive, was sie schätzen bzw. ablehnen. Vollzieht sich ein solcher Test im gleichen Land und sind die Möglichkeiten zur Wanderung zwischen den Landesteilen leidlich frei, dann ist der Wanderungssaldo ein vorzüglicher Indikator für die Bewertung eines Wirtschafts- und Gesellschaftssystems. Diese Bedingungen waren bis zur endgültigen Abschottung der DDR durch den Mauerbau im Jahre 1961 in besonderer Weise in unserem Land gegeben. Die Wanderungskosten waren im Vergleich zu den großen internationalen Migrationen im 19. und 20. Jahrhundert relativ gering. Es mußten keine Sprachbarrieren überwunden werden, die erlebte Geschichte und zahlreiche kulturelle und soziale Gemeinsamkeiten hatten das Gefühl der Zusammengehörigkeit nicht schwinden lassen, und Verwandtschaften und gute Bekanntschaften in den beiden Landesteilen boten in vielen Fällen günstige Voraussetzungen für einen neuen Start im jeweils anderen Landesteil.

In diesem Test erwies sich die westdeutsche Ordnung als überaus attraktiv und für viele begehrenswert. Die DDR verzeichnete in diesem Wettbewerb nur einen äußerst geringen Zustrom. Im Gegenteil, viele ihrer Bürger suchten Zuflucht im Westen, solange das Berliner Nadelöhr noch offen war. Am Ende wußte die regierende SED angesichts einer dramatisch steigenden Fluchtwelle keinen anderen Ausweg mehr als die hermetische Abriegelung der Grenzen mit Stacheldraht und Minen. Dieser Schritt erhöhte die Gefahren und die Kosten der legalen und besonders der illegalen Abwanderung ungemein. Gleichwohl versickerte der Strom der legalen Abwanderer auch in den folgenden Jahrzehnten nicht gänzlich, obwohl erhebliche Verluste an privatem Eigentum und große berufliche Nachteile in Kauf zu nehmen waren. Die illegale Abwanderung, die sog. Republikflucht, aber wurde lebensgefährlich.

Läßt sich aus der Wanderungsbilanz zugunsten der Bundesrepublik West, dem Fall der Mauer, dem Zusammenbruch des Planungssystems und dem 1990 vollzogenen Beitritt der ehemaligen DDR zur Bundesrepublik der Schluß ziehen, daß sich eine große Mehrheit der Deutschen, vor die Wahl zwischen Markt oder Plan gestellt, für den Markt und gegen die Planwirtschaft entschieden hat? Kann eine der großen Kontroversen unseres Jahrhunderts, die Diskussion um die relativen Vorteile von Markt und Plan, mit dem Ergebnis, daß der Markt der unbestrittene Sieger sei, zu den Akten gelegt werden? Kann man der F. Fukuyama zugesprochenen optimistischen Interpretation folgen und in diesem Zusammenhang weltweit sogar vom »Ende der Geschichte« in dem Sinne sprechen, daß in Zukunft Demokratie und Marktwirtschaft dominieren werden?

Das ist eine riskante Hypothese. Richtig ist, daß im Zuge der immer stärker sich entwickelnden internationalen Wirtschaftsbeziehungen, die ausschließlich eine markt- und keine zentralverwaltungswirtschaftliche Integration sind, nationale Planungsansätze keine Chance mehr haben. Ihr großer Nachteil liegt darin, daß sie sich naturgemäß auf den Wirtschaftsraum eines einzelnen Landes oder einer Wirtschaftsgemeinschaft beschränken. Eine »Weltwirtschaftsplanung«, die den Bedürfnissen von sechs Milliarden Menschen gerecht werden wollte, gehört in das Reich der Utopie. Die Abkapselung einzelner Staaten (Albanien, Kuba, Nordkorea) oder auch Staatenbünde (wie das ehemalige Comecon) vom Welthandel ist nur mit außerordentlichen Einbußen an nationalem Wohlstand, ja hoher Verarmung möglich. Das wurde auch deutlich an Hand der honeckerschen Politik der »Störfreimachung« der DDR vom Außenhandel. In die gleiche Richtung weist sein von Anfang an zur Erfolglosigkeit verurteilter Versuch, moderne Computerchips im Wettlauf gegen die USA und Japan zu produzieren. Beide Programme waren weitere Mühlsteine am Hals der Menschen in der DDR, die deren Wohlstandschancen drastisch schmälerten.

Die moderne Weltwirtschaft ist mittlerweile in einer Weise vernetzt, daß selbst relativ einfache Produkte wie Bleistifte nicht mehr national hergestellt werden können.

Die ungeheure Koordinierungsleistung aber, die erforderlich ist, um die zahlreichen Komponenten heutiger Güter zu einem Endprodukt zusammenzubringen, kann nur über ein weltweites Netz miteinander verflochtener Märkte zustandekommen. Zentrale Steuerungsversuche, Versuche einer weltweiten Planung und Organisation des Ganzen, können angesichts der Tatsache, daß sie bisher schon auf nationaler Ebene versagt haben, international nur Störungen, Verwicklungen und Konflikte heraufbeschwören. Wenn man die heute vor unseren Augen ablaufende Globalisierung der Märkte auf den Begriff zu bringen versucht, läßt sie sich – marxistisch gesprochen – als das »letzte und höchste Stadium des Kapitalismus« bezeichnen. Allerdings mit dem wesentlichen Unterschied, daß der Markt nur dort gedeiht, wo der Rechtsstaat herrscht.

Aber folgt aus alledem, daß das Regelsystem des Marktes zum allgemein akzeptierten Standard für die Organisation des modernen Wirtschaftslebens geworden ist? Dieser Vermutung stehen verständliche, wenn auch aus ökonomischer Sicht nicht zu billigende Gründe entgegen. Denn Märkte und die Marktorganisation sind unbeliebt. Sie sind zwar ein hervorragendes soziales Instrument zur weltweiten Koordinierung der Konsumwünsche von Myriaden Verbrauchern. Sie erlauben uns, morgen ins Flugzeug zu steigen, einen Urlaub irgendwo in der Welt zu verbringen und wieder pünktlich zurückzukehren. Zur gleichen Zeit sind Märkte jedoch auch ein peinlich genaues Rechensystem, das die Kosten aller Handlungen unerbittlich anzeigt. Märkte zwingen also zur Wirtschaftsrechnung und machen damit für jedermann die unausweichliche Tatsache fühlbar und sichtbar, daß es in der Welt knapper Mittel nichts umsonst gibt. Wir müssen uns also bescheiden, und viele schöne Wünsche bleiben unerfüllt. Dieser immanente Zwang zum wirtschaftlichen Handeln macht die Markt- und Preisrechnung unbeliebt. Ihrem Regelwerk wird vorgeworfen, daß es die Welt »ökonomisiere«, daß von ihm »ökonomische Zwänge« ausgingen und daß die menschlichen Beziehungen »kommerzialisiert« würden – kurz, daß der moderne Kapitalismus »soziale Kälte« ausstrahle. Die Logik dieser Argumentation ist allerdings alles andere als zwingend, wenn man sich vor Augen hält, daß die Preisrechnung des Marktes nichts anderes ist als ein Meßinstrument für das, was sich in der Wirklichkeit vollzieht. Es macht daher auch keinen Sinn, das Thermometer, den »Preismesser«, zu schelten oder gar zu zerschlagen, wenn die Preise steigen oder fallen, einzelne Produktionen unrentabel werden und der für die Marktwirtschaft so charakteristische Prozeß der schöpferischen Zerstörung abläuft und zur Anpassung zwingt. Die Regeln des Marktes (oder wie manche sagen: des Kapitalismus) verbürgen zudem nicht automatisch Wohlstand für jeden, zu jeder Zeit und an jedem Ort. Die Verlust- und Gewinnsignale der Märkte zeigen aber an, was im Urteil der Marktteilnehmer nützlich und was schädlich ist.

Trotzdem wird durch politisch fehlgeleitete Energien immer wieder der wenig versprechende Versuch gemacht, bildlich gesprochen, das Thermometer zu zerschlagen, um das Wetter zu verbessern. Solche Versuche schlagen sich nieder in zahllosen staatlichen oder halbstaatlichen und privaten Eingriffen in das Marktgeschehen, in die Preisbildung oder im Bestreben, sogar den marktlichen Prozeß als Ganzes lenken zu wollen. Die unerbittliche Konsequenz solcher planenden Eingriffe sind Wohlstandsverluste, die der einzelne oft nicht einmal erkennt, sondern in den Mühen des Alltags nur indirekt spürt.

Der Markt ist somit ein äußerst anspruchsvolles Regelsystem, das nur bei pfleglicher Nutzung und Respektierung seiner Signale Wohlstandschancen für jeden eröffnet. Das marktwirtschaftliche Regelsystem ist keine Garantie für ein bequemes Leben im Wohlstand, wie manche irrigerweise meinen. Wohl aber sind Märkte nach unserer bisherigen Erfahrung das Regelsystem, das – im Vergleich zu seinen Alternativen – die besten Voraussetzungen dafür schafft, daß sich Leistung lohnt. Es wird von der ordnungspolitischen Standfestigkeit derjenigen, die mit der Einhaltung der Regeln des Marktes betraut sind, abhängen, ob die Chancen, die das marktwirtschaftliche Regelsystem gewährt, künftig besser genutzt oder vertan werden.

Ludwig Erhard – Stationen seines Lebens

1897, 4. 2.	geboren in Fürth
1913–16	Kaufmannslehre in Nürnberg
1916–19	Teilnahme am Ersten Weltkrieg
1919–22	Studium an der Handelshochschule Nürnberg
1922–25	Studium an der Universität Frankfurt am Main Promotion bei Franz Oppenheimer
1925–28	Geschäftsführer im elterlichen Betrieb
1928–42	Wissenschaftlicher Assistent und Stellvertretender Leiter des »Instituts für Wirtschaftsbeobachtung der deutschen Fertigware« in Nürnberg
1942	Gründung des »Instituts für Industrieforschung«
1944, März	Denkschrift »Kriegsfinanzierung und Schuldenkonsolidierung«
1945, 22. 10.	Staatsminister für Wirtschaft in Bayern
1947, 10. 10.	Leiter der Expertenkommission »Sonderstelle Geld und Kredit« bei der Verwaltung der Finanzen der britisch-amerikanischen Bizone
7. 11.	Honorarprofessor an der Universität München
1948, 2. 3.	Direktor der Verwaltung für Wirtschaft
1949, 14. 8.	Mitglied im 1. Deutschen Bundestag
20. 9.	Bundeswirtschaftsminister im 1. Kabinett Adenauer
1952, 25. 7.	Mitglied des Ministerrates der Montanunion

1953, 20. 10.	Bundeswirtschaftsminister im 2. Kabinett Adenauer
1957, 29.10.	Wirtschaftsminister im 3. Kabinett Adenauer und Vizekanzler
1961, 14. 11.	Wirtschaftsminister im 4. Kabinett Adenauer und Vizekanzler
1963, 16. 10.	Bundeskanzler
1966, 23. 3.	Wahl zum CDU-Bundesvorsitzenden
1. 12.	Rücktritt als Bundeskanzler
1972, 13. 12.	Alterspräsident bei der Eröffnung des 7. Deutschen Bundestages
1976, 14. 12.	Alterspräsident bei der Eröffnung des 8. Deutschen Bundestages
1977, 5. 5.	gestorben in Bonn, Beisetzung auf dem Bergfriedhof in Gmund am Tegernsee

Referenten

Abelshauser, Werner
Geboren 1944 in Wiesloch, Dr. phil., 1983 Professor an der Ruhr-Universität Bochum, 1985 Direktor des Instituts zur Erforschung der europäischen Arbeiterbewegung, 1989 Professor für europäische Geschichte am Europäischen Hochschulinstitut Florenz, seit 1991 Ordentlicher Professor für Allgemeine Geschichte (Lehrstuhl für Wirtschafts- und Sozialgeschichte) an der Universität Bielefeld.
Veröffentlichungen u. a.: Wirtschaft in Westdeutschland 1945–1948 (1975). Deutsche Wirtschaftsgeschichte im Industriezeitalter (Mithg., 1981). Der Ruhrkohlenbergbau seit 1945 (1984). Die langen Fünfziger Jahre (1987). Wirtschaftsgeschichte der Bundesrepublik Deutschland (⁷1994). Umweltgeschichte (Hg., 1994). Wirtschaft und Rüstung in den fünfziger Jahren (1997).

Fack, Fritz Ullrich
Geboren 1930 in Leipzig, Dr. rer. pol., 1956 Tätigkeit in der Wirtschaftsredaktion der Frankfurter Allgemeinen Zeitung, 1960 wirtschaftspolitischer Korrespondent der FAZ in Bonn, 1964–1970 Vorstandsmitglied der Bundespressekonferenz, 1971 Mitherausgeber der FAZ und Wechsel in das politische Ressort, seit 1994 im Ruhestand, seit 1981 Vorstandsmitglied der Ludwig-Erhard-Stiftung.
Veröffentlichungen u. a.: Soziale Marktwirtschaft. Eine Einführung (1979). Soziale Marktwirtschaft: Stationen einer freiheitlichen Ordnung, Freiburg ²1990 (mit Peter Hort).

Hentschel, Volker
Geboren 1944 in Aue/Sachsen, Dr. rer. pol., 1974 wissenschaftlicher Assistent und Privatdozent an der Universität Heidelberg, 1980 Professor an der Universität Mainz.
Veröffentlichungen u. a.: Weimars letzte Monate. Hitler und der

Untergang der Republik (1978). Wirtschaft und Wirtschaftspolitik im wilhelminischen Deutschland (1978). Geschichte der deutschen Sozialpolitik 1815–1980 (1983). Wirtschaftsgeschichte des modernen Japan (1986). Ludwig Erhard. Ein Politikerleben (1996).

Herz, Wilfried

Geboren 1943 in Berlin, 1964 Lehre als Verlagskaufmann und Tätigkeit als freier Journalist, 1966 Redakteur der Presseagentur SEP in Brüssel, 1967 Redakteur beim »Spiegel«, 1970 Wirtschaftsredakteur, dann Ressortleiter bei »United Press International«, 1971 Gründungsgesellschafter und verantwortlicher Wirtschaftsredakteur des »Deutschen Depeschen Dienstes« (ab 1972 Mitglied der Chefredaktion), 1980 Leiter des Bonner Büros der »Wirtschaftswoche«, 1991 Wirtschaftskorrespondent der »Zeit« in Bonn, seit 1992 Leiter der Wirtschaftsredaktion der »Zeit«.

Hildebrand, Klaus

Geboren 1941 in Bielefeld, Dr. phil., Professor, 1972 Wissenschaftlicher Rat und Professor für Allgemeine Geschichte an der Universität Bielefeld, 1974 Ordentlicher Professor für Mittlere und Neuere Geschichte an der Universität Frankfurt, 1977 Ordentlicher Professor an der Universität Münster, seit 1982 Ordentlicher Professor an der Universität Bonn, seit 1983 Ordentliches Mitglied der Historischen Kommission bei der Bayerischen Akademie der Wissenschaften, seit 1991 Ordentliches Mitglied der Nordrhein-Westfälischen Akademie der Wissenschaften.

Veröffentlichungen u. a.: Von Erhard zur Großen Koalition 1963–1969 (1984). Deutsche Außenpolitik 1871–1918 (^{2}1994). Deutsche Außenpolitik 1933–1945 (^{5}1990). Das Dritte Reich (^{5}1995). Das vergangene Reich. Deutsche Außenpolitik von Bismarck bis Hitler 1871–1945 (^{2}1995). No Intervention. Die Pax Britannica und Preußen 1865/66–1869/70 (1997).

Kannengießer, Walter

Geboren 1929 in Osnabrück, Diplomvolkswirt, 1949 journalistische Ausbildung bei der »Neuen Tagespost« in Osnabrück, 1956 Redakteur für Politik und Nachrichten in Osnabrück und danach bei den »Ruhr-Nachrichten« in Dortmund, 1959 Wechsel in das Wirtschaftsressort, 1963–1996 Wirtschaftskorrespondent der

»Frankfurter Allgemeinen Zeitung« in Bonn, 1976 Leiter der Bonner Wirtschaftsredaktion der FAZ.

Veröffentlichungen u. a.: Mitherausgeber des »Handbuch Sozialpolitik«.

Lampert, Heinz

Geboren 1930 in Nürnberg, Dr. rer. pol., Professor, 1962 Privatdozent an der Universität München, 1964 Ordentlicher Professor an der TU Berlin, 1970 Ordentlicher Professor an der Universität Köln, 1973–1995 Ordentlicher Professor an der Universität Augsburg, seit 1978 Mitglied des Wissenschaftlichen Beirats für Familienfragen beim Bundesfamilienministerium.

Veröffentlichungen u. a.: Sozialpolitik (1980). Sozialstaat Deutschland (1992). Die Wirtschafts- und Sozialordnung der Bundesrepublik Deutschland (^{12}1995). Lehrbuch der Sozialpolitik (^{4}1996). Krise und Reform des Sozialstaates (1997). Mitherausgeber des Handwörterbuchs der Wirtschaftswissenschaft.

Mestmäcker, Ernst-Joachim

Geboren 1926 in Hameln, Dr. jur., Dr. rer. pol. Fh. c., 1959 Ordentlicher Professor an der Universität Saarbrücken, 1963 Ordentlicher Professor an der Universität Münster, 1969 Ordentlicher Professor an der Universität Bielefeld, 1978 Wissenschaftliches Mitglied und Direktor am Max-Planck-Institut für ausländisches und internationales Privatrecht, 1984–1990 Vizepräsident der Max-Planck-Gesellschaft zur Förderung der Wissenschaften.

Veröffentlichungen u. a.: Die Vermittlung von europäischem und nationalem Recht im System unverfälschten Wettbewerbs (1969). Europäisches Wettbewerbsrecht (1974). Wirtschaftsordnung und Staatsverfassung (Mithg., 1975). Die sichtbare Hand des Rechts (1978). Medienkonzentration und Meinungsvielfalt (1978). Recht und ökonomisches Gesetz (1984). Der verwaltete Wettbewerb (1984). Recht in der offenen Gesellschaft (1993). Kommunikation ohne Monopole II (Hg., 1995). EG Wettbewerbsrecht, Kommentar (Mithg., 1997).

Rexrodt, Günter
Geboren 1941 in Berlin, Dr. rer. pol., 1968 Tätigkeit bei der IHK Berlin, zuletzt als Mitglied der Geschäftsführung und Leiter der Abteilung Industrie, 1979 Leiter der Abteilung Industrie beim Senator für Wirtschaft und Verkehr beim Berliner Senat, 1982 Staatssekretär beim Senator für Wirtschaft und Verkehr, 1985 Senator für Finanzen des Landes Berlin, 1990 Vorsitzender des Vorstandes der Citibank AG Frankfurt, 1991 Mitglied des Vorstands der Treuhandanstalt Berlin, seit 1993 Bundesminister für Wirtschaft.

Schäfer, Hermann
eboren 1942 in Wittlich, Dr. phil., Professor, Direktor der Stiftung Haus der Geschichte der Bundesrepublik Deutschland in Bonn; lehrt Wirtschafts- und Sozialgeschichte an der Albert-Ludwig-Universität Freiburg.

Veröffentlichungen u. a.: Regionale Wirtschaftspolitik in der Kriegswirtschaft (1983). Wirtschaftsploetz (1984). Zwischen Disneyland und Musentempel – Zeitgeschichte im Museum, in: Museumskunde (60/1995). Besucherforschung im Haus der Geschichte, in: Museums-Fragen – Museen und ihre Besucher, hg. vom Haus der Geschichte (1996). Erlebnis Geschichte – Eine neue Ausstellung für neue Besucher, in: Erlebnis Geschichte. Deutschland vom Zweiten Weltkrieg bis heute, hg. vom Haus der Geschichte (1996). Ist Europa museumsreif?, in: Die Politische Meinung (334/1997).

Soell, Hartmut
Geboren 1939 in Kehl am Rhein, Dr. phil., 1965–1968 Assistent der SPD-Bundestagsfraktion (ab 1966 persönlicher Mitarbeiter von Helmut Schmidt), 1974 Dozent an der Universität Heidelberg, seit 1977 Professor an der Universität Heidelberg, 1980–1994 Mitglied des Bundestags, Mitglied der Historischen Kommission beim Parteivorstand der SPD.

Veröffentlichungen u. a.: Fritz Erler. Eine politische Biographie (1976). Nachkriegsjahre. Zeitgeschichtliche und didaktische Ortsbestimmung (Mithg., 1976). Der junge Wehner. Zwischen revolutionärem Mythos und praktischer Vernunft (1991).

Watrin, Christian
Geboren 1930 in Köln, Dr. rer. pol., 1963 Privatdozent an der Universität Köln, 1965 Ordentlicher Professor an der Universität Bochum, 1970 Ordentlicher Professor an der Universität Köln, Mitglied des Wissenschaftlichen Beirats des Bundesministeriums für Wirtschaft.

Veröffentlichungen u. a.: Macht und ökonomisches Gesetz (1973). Selbstbehauptung der sozialen Marktwirtschaft (Mitarbeit, 1975). Grenzen des Sozialstaats in ökonomischer und ordnungspolitischer Hinsicht (1977). Zur Theorie marktwirtschaftlicher Ordnungen (Mithg., 1981). Grundtexte zur Sozialen Marktwirtschaft (Hg., 1981). Das Ethos des Unternehmers (1990). Ordnung in Freiheit (Mithg. 1994).

Carlo Schmid und seine Politik

ISBN 3-87024-367-8

Aus Anlaß des 100. Geburtstages von Carlo Schmid diskutieren Wissenschaftler und Zeitzeugen über Rolle und Bedeutung des großen SPD-Politikers.
Politische und persönliche Weggefährten zeichnen die Biographie Schmids nach und geben ein lebendiges Bild dieses Politikers, Wissenschaftlers und homme de lettres, der als einer der Väter des Grundgesetzes bleibende Bedeutung hat.

Mit Beiträgen von
Otto Borst, Horst Ehmke, Iring Fetscher, Wilhelm Hennis, Sybille Krause-Burger, Horst Möller, Karl Moersch, Rudolf Morsey, Siegmar Mosdorf, Elisabeth Noelle-Neumann, Martin Schulze, Rita Süssmuth, Petra Weber, Peter von Zahn, Moshe Zimmermann

Argon